교과서가 쉬워지는

용어 한국사 600

4
조선 ❷

Mirae N 아이세움

교과서가 쉬워지는 용어 한국사 600

용어로 이해하고 그림으로 기억하는 한국사입니다

• 쉽게 이해되는 역사 용어
한국사 용어는 과거에 사용한 것들이어서 지금은 쓰지 않는 단어나 뜻을 모르는 한자어가 많습니다. 이 책은 낯설고 어려운 역사 용어를 쉽고 간결하게 설명하여 학생들이 명쾌하게 이해하도록 했습니다.

• 강렬한 인포그래픽 이미지
사진과 그림은 메시지를 효과적으로 전달합니다. 이 책은 학생들이 해당 주제를 직관적으로 이해하도록 인포그래픽 방식을 구사합니다.
이런 방식은 지식의 핵심을 강렬하게 전하여 교육 효과를 높이고 오래 기억되도록 합니다.

징비록

유성룡이 임진왜란의 상황을 기록한 책입니다

유성룡은 임진왜란이 일어났을 때 조선의 정승이었어요.
전쟁이 끝나자 유성룡은 참회하는 마음으로 징비록을 지었지요.
징비(懲毖)란 지난 잘못을 뉘우치고 훗날을 조심한다는 뜻이에요.
다시는 임진왜란 같은 일이 일어나지 않기를 바라는 마음을 담았어요.
《징비록》은 총 7책으로 되어 있어요. 전쟁의 원인부터 전쟁 상황과 백성의 생활상까지 자세하게 밝히고 있답니다.

알쏭달쏭 바로 알기

틀린 곳을 맞게 고쳐 쓰세요.
• 유성룡은 병자호란 때 정승이었습니다. (　　　)
• 《징비록》은 이순신이 지었습니다. (　　　)
• 징비는 훗날을 조심한다는 뜻입니다. (　　　)

역사 용어 정리하기

《□□□》은 유성룡이 임진왜란의 상황을 기록한 책입니다.

8

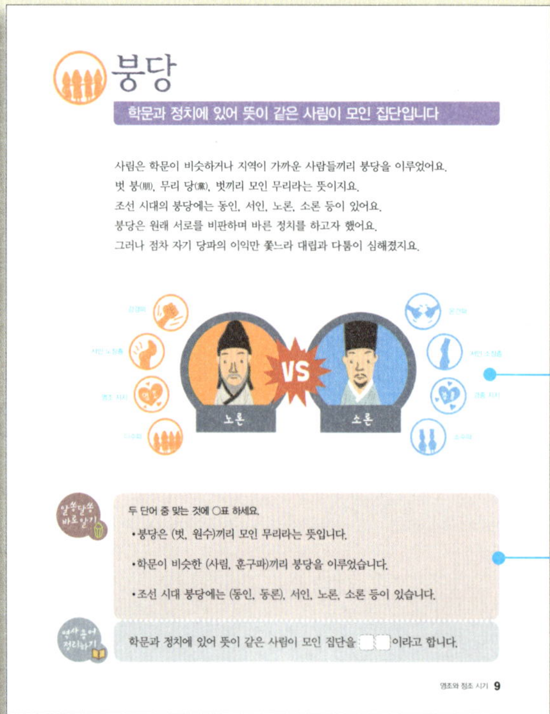

붕당

학문과 정치에 있어 뜻이 같은 사림이 모인 집단입니다

사림은 학문이 비슷하거나 지역이 가까운 사람들끼리 붕당을 이루었어요.
벗 붕(朋), 무리 당(黨), 벗끼리 모인 무리라는 뜻이지요.
조선 시대의 붕당에는 동인, 서인, 노론, 소론 등이 있어요.
붕당은 원래 서로를 비판하며 바른 정치를 하고자 했어요.
그러나 점차 자기 당파의 이익만 쫓느라 대립과 다툼이 심해졌지요.

알쏭달쏭 바로 알기

두 단어 중 맞는 것에 ○표 하세요.
• 붕당은 (벗, 원수)끼리 모인 무리라는 뜻입니다.
• 학문이 비슷한 (사림, 훈구파)끼리 붕당을 이루었습니다.
• 조선 시대 붕당에는 (동인, 동론), 서인, 노론, 소론 등이 있습니다.

역사 용어 정리하기

학문과 정치에 있어 뜻이 같은 사림이 모인 집단을 □□이라고 합니다.

영조와 정조 시기 9

• 배경지식과 학습의 통합
학습은 배우는 '학(學)'과 익히는 '습(習)'의 통합입니다. 배워서 깨치더라도 학습자 스스로 자신의 것으로 만드는 노력이 따라야 합니다.
이 책은 설명과 이미지로 배운 한국사 지식을 학생이 곧바로 자신의 것으로 축적할 수 있도록 구성했습니다.

• 집중력과 정확성을 높이는 확인 학습
확인 학습은 [알쏭달쏭 바로 알기]와 [역사 용어 정리하기]로 구성하였습니다.
알쏭달쏭 는 틀린 내용을 학생이 직접 수정하도록 했습니다. 내용의 오류를 찾는 학습법은 흥미를 유발하고 학생들의 집중력을 높입니다. 그리고 스스로 수정하는 과정은 정확한 지식을 오래 기억하게 합니다. 문제 유형은 총 3가지로 '틀린 곳 고치기' '선택하기' '정오 구분하기'입니다.
역사 용어 는 해당 주제의 핵심을 다시 한번 정리하며 학습을 마무리하도록 합니다.

교과서가 쉬워지는 용어 한국사 600

지식과 학습이 통합되는 한국사입니다

•교육 과정과 연계한 주제 선정

한국사 초등 교육 과정의 핵심 주제를 망라하여 교과 내용을 보충하거나 조사할 때 도움이 되도록 구성했습니다. 또 시대 이해에 필수적인 주제는 중고등 교육 과정을 참조하여 추가했습니다. 이는 초중고로 이어지는 한국사 연계 학습에 유용하며 각종 한국사 평가에 대비하는 능력을 키워 줍니다.

•한국사를 꿰는 600가지 핵심 용어

한국의 역사는 길기 때문에 인물, 사건, 제도, 유물 유적, 전문 용어가 많습니다. 이 책은 한국사 공부에 필수적인 핵심 주제 600가지로 한국사 전체를 이해하도록 돕습니다.

•집중과 선택이 수월한 학습자 맞춤형

고대부터 근현대까지 총 6권으로 구성하여 초등 한국사는 물론 중학교 역사 학습의 기초가 되게 했습니다. 학교 진도에 맞추어 활용하거나, 집중 기간을 정해 일정 분량씩 순차적으로 학습할 수 있습니다. 그리고 학생의 흥미나 관심에 따른 주제 선택도 가능합니다. 한편 배경지식과 확인 학습 꼭지는 학생의 필요에 따라 각각 다양하게 활용할 수 있습니다.

차 례

1 영조와 정조 시기

2 사회와 경제

3 서민 문화

4 실학과 사회 개혁

창덕궁
징비록
붕당
영조
탕평
탕평비
균역법
신문고
정조

1

영조와 정조 시기

규장각
수원 화성
거중기
녹로
상언
격쟁
배다리
의궤

창덕궁

조선 후기에 왕이 주로 나랏일을 돌보던 궁궐입니다

창덕궁은 원래 조선 초 태종 때 지어진 궁궐이에요.
임진왜란으로 경복궁을 비롯한 모든 궁궐이 불에 탔어요.
전쟁이 끝나자 창덕궁이 가장 먼저 복구되었지요.
이후 조선의 왕들은 주로 창덕궁에서 나랏일을 돌보았어요.
창덕궁은 산자락을 따라 궁궐을 지어 자연미가 매우 빼어나요.
1997년에 유네스코 세계 문화유산으로 등록되었답니다.

알쏭달쏭

틀린 곳을 맞게 고쳐 쓰세요.

- 조선의 궁궐은 병자호란으로 모두 불탔습니다. (　　　　　)
- 임진왜란 후 경복궁이 가장 먼저 복구되었습니다. (　　　　　)
- 창덕궁은 유비스코 세계 문화유산입니다. (　　　　　)

역사 용어 정리하기

조선 후기에 임금이 주로 나랏일을 돌보던 궁궐은 □□□ 입니다.

징비록

유성룡이 임진왜란의 상황을 기록한 책입니다

유성룡은 임진왜란이 일어났을 때 조선의 정승이었어요.
전쟁이 끝나자 유성룡은 참회하는 마음으로 징비록을 지었지요.
징비(懲毖)란 지난 잘못을 뉘우치고 훗날을 조심한다는 뜻이에요.
다시는 임진왜란 같은 일이 일어나지 않기를 바라는 마음을 담았어요.
《징비록》은 총 7책으로 되어 있어요. 전쟁의 원인부터 전쟁 상황과
백성의 생활상까지 자세하게 밝히고 있답니다.

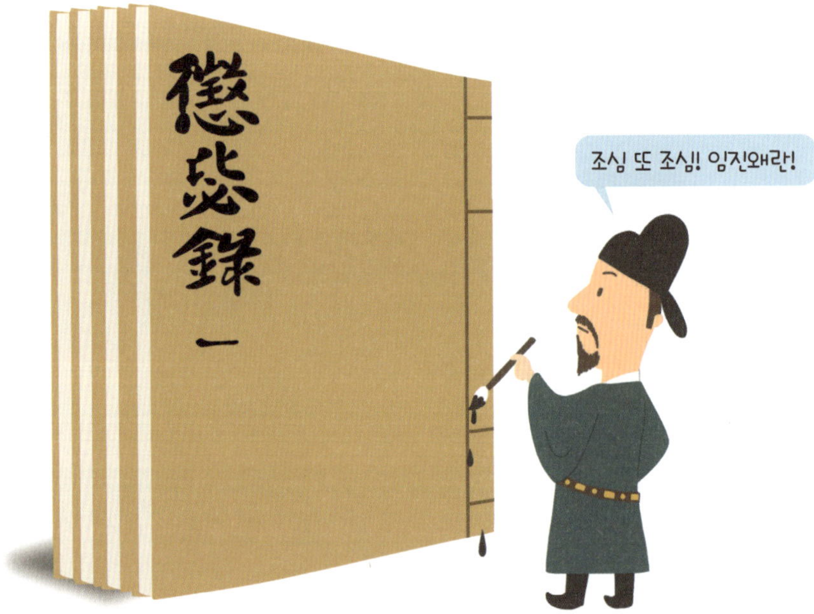

알쏭달쏭 바로알기

틀린 곳을 맞게 고쳐 쓰세요.

- 유성룡은 병자호란 때 정승이었습니다. (   )
- 《징비록》은 이순신이 지었습니다. (   )
- 장비는 훗날을 조심한다는 뜻입니다. (   )

역사 용어 정리하기

《□□□》은 유성룡이 임진왜란의 상황을 기록한 책입니다.

붕당

학문과 정치에 있어 뜻이 같은 사림이 모인 집단입니다

사림은 학문이 비슷하거나 지역이 가까운 사람들끼리 붕당을 이루었어요.
벗 붕(朋), 무리 당(黨), 벗끼리 모인 무리라는 뜻이지요.
조선 시대의 붕당에는 동인, 서인, 노론, 소론 등이 있어요.
붕당은 원래 서로를 비판하며 바른 정치를 하고자 했어요.
그러나 점차 자기 당파의 이익만 좇느라 대립과 다툼이 심해졌지요.

알쏭달쏭 바로알기

두 단어 중 맞는 것에 ○표 하세요.

- 붕당은 (벗, 원수)끼리 모인 무리라는 뜻입니다.
- 학문이 비슷한 (사림, 훈구파)끼리 붕당을 이루었습니다.
- 조선 시대 붕당에는 (동인, 동론), 서인, 노론, 소론 등이 있습니다.

역사 용어 정리하기

학문과 정치에 있어 뜻이 같은 사림이 모인 집단을 ☐☐이라고 합니다.

영조

가장 오래 왕위에 있으면서 나라를 안정시킨 왕입니다

영조는 조선 시대를 통틀어 가장 오래 왕위에 있었어요.
당쟁으로 아들 사도 세자를 죽이기도 했지만 서민 군주라는 평가도 받지요.
추운 겨울에도 비단옷 대신 무명옷을 입고, 수라상도 소박하게 받았어요.
영조는 탕평책으로 정치를 안정시키고, 백성의 군포 부담을 줄이고,
학문을 크게 일으켰답니다.

알쏭달쏭 바로알기

틀린 곳을 맞게 고쳐 쓰세요.

- 정조는 무려 52년이나 왕위에 있었습니다. (   )
- 영조는 당쟁에 휘말려 아들 사도 세자를 죽였습니다. (   )
- 영조는 탕평책으로 경제를 안정시켰습니다. (   )

역사 용어 정리하기

가장 오래 왕위에 있으면서 나라를 안정시킨 왕은 □□입니다.

탕평

당파에 치우치지 않고 공평하다는 뜻입니다

탕평은 《서경》에 나오는 말로 ‘탕탕평평(蕩蕩平平)’을 줄인 말이에요. 탕평은 넓을 탕(蕩), 고를 평(平)이라는 말로, 본래의 뜻은 편 가르기를 하지 않아야 올바른 정치가 넓고 고르게 펼쳐진다는 뜻이랍니다. 조선 후기 들어 붕당끼리 다툼이 심해지자 영조는 탕평을 특히 강조했어요. 어느 쪽에도 치우치지 않고 공평하게 정치를 펼치겠다는 의지였답니다.

알쏭달쏭 바로알기

틀린 곳을 맞게 고쳐 쓰세요.

- 탕탕이란 ‘탕탕평평’을 줄인 말입니다. (　　　　　)
- 조선 전기에는 붕당끼리 다툼이 심해졌습니다. (　　　　　)
- 인조는 탕평을 많이 강조했습니다. (　　　　　)

역사 용어 정리하기

□□은 당파에 치우치지 않고 공평하다는 뜻입니다.

탕평비

영조가 탕평책을 널리 알리고자 세운 비석입니다

영조는 당파에 상관없이 골고루 인재를 등용하겠다며 탕평책을 실시했어요. 탕평책을 강조하고자 직접 글을 쓰고 그 글을 비석에 새겨 성균관 입구에 세워 놓았지요.

성균관은 장차 관리가 되어 나라를 이끌어 갈 유생들이 공부하는 곳이에요. 탕평의 뜻을 받들어 당파로 갈려 싸우지 말라는 왕의 당부였던 셈이지요.

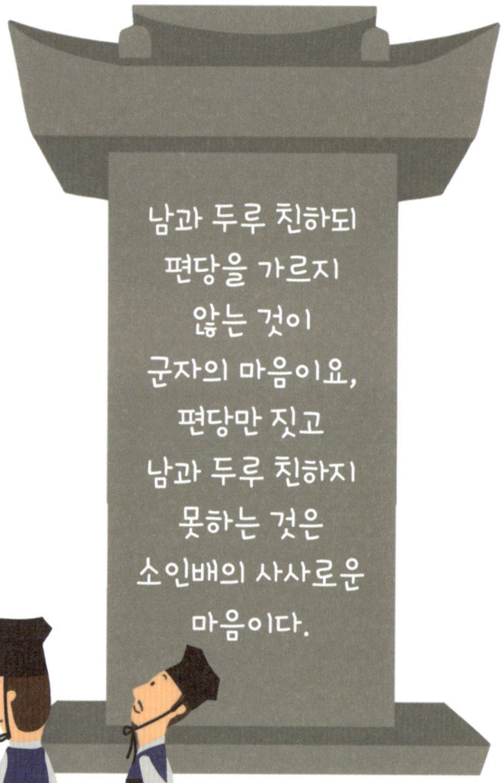

알쏭달쏭 바로알기

내용이 맞으면 ○표, 틀리면 X표를 하세요.

- 탕평비를 세운 임금은 숙종입니다. ( )
- 영조는 탕평책을 강조하고자 탕탕비를 세웠습니다. ( )
- 탕평비는 경복궁 입구에 세워졌습니다. ( )

역사 용어 정리하기

영조가 탕평책을 널리 알리고자 세운 비석은 □□□ 입니다.

균역법

영조 때 군포 두 필을 한 필로 줄인 제도입니다

조선 시대에 평민이 나랏일에 강제로 동원된 것을 역이라고 해요.
성을 쌓고, 다리를 놓고, 군사가 되는 일이 역입니다.
이 중 군사가 되는 일을 군역이라고 하지요.
나라에서는 점차 군역 대신 베, 즉 군포를 받아 갔어요.
군포의 부담이 커지자 영조는 두 필씩 받던 베를 한 필로 줄였어요.
백성의 부담을 덜어 역(역役)을 고르게(균均) 하려는 뜻이었답니다.

알쏭달쏭 바로알기

틀린 곳을 맞게 고쳐 쓰세요.

- 평민이 나랏일에 동원된 것을 ~~약~~이라고 합니다. (   )
- 평민이 군사가 되는 일을 ~~구역~~이라고 합니다. (   )
- 영조는 두 필씩 받던 군포를 ~~세~~ 필로 줄였습니다. (   )

역사 용어 정리하기

영조 때 군포 두 필을 한 필로 줄인 제도는 □□□ 입니다.

신문고

억울한 일이 있을 때 백성이 울리는 북입니다

거듭 신(申), 들을 문(聞), 북 고(鼓),
임금이 백성의 소리를 거듭 듣는 북이라는 뜻이에요.
억울한 일을 당한 백성이 궁궐 앞에 설치한 신문고를 두드리면,
임금이 그 사람의 억울한 사연을 듣고 해결하는 제도랍니다.
지금 청와대 누리집에도 국민신문고 제도가 있습니다.

알쏭달쏭 바로알기

틀린 곳을 맞게 고쳐 쓰세요.

- 신문고는 억울한 일이 있을 때 울리는 ~~피리~~입니다. (   )
- 왕이 ~~왕비~~의 소리를 듣고자 신문고를 설치했습니다. (   )
- ~~청문고~~는 백성의 소리를 거듭 듣는 북이라는 뜻입니다. (   )

역사용어 정리하기

□□□는 백성이 억울한 일이 있을 때 울리는 북입니다.

정조

규장각과 수원 화성을 세우고 문화를 꽃피운 왕입니다

영조의 손자이자 사도 세자의 아들입니다.
정조는 왕위에 오르자 친위 군대인
장용영을 만들어 왕위를 튼튼히 했어요.
또한 규장각을 만들고 젊은 인재를 모아
개혁을 이끌어 갔지요.
자신의 정치적 이상을 실현하는 도시로
수원에 화성을 세우기도 했습니다.
정조는 조선 후기 학문과 문화를
크게 일으켰지만
안타깝게도 일찍 죽고 말았습니다.

알쏭달쏭 바로알기

두 단어 중 맞는 것에 ○표 하세요.

- 정조는 친위 군대인 (장군총, 장용영)을 만들었습니다.
- 정조는 (규장각, 장서각)을 만들었습니다.
- 정조는 수원에 (금성, 화성)을 세웠습니다.

역사 용어 정리하기

규장각과 수원 화성을 세우고 문화를 꽃피운 왕은 ☐☐입니다.

규장각

정조가 만든 왕실 도서관이자 연구 기관입니다

규장(奎章)이란 말은 왕이 쓴 글과 글씨를 뜻해요.
정조는 창덕궁 안에 왕실 도서관을 지어,
여러 왕들의 글과 글씨를 보관했어요.
정조는 규장각에 책 3만여 권도 모았어요.
또한 젊고 유능한 인재를 뽑아 나랏일을
마음껏 연구하도록 했답니다.

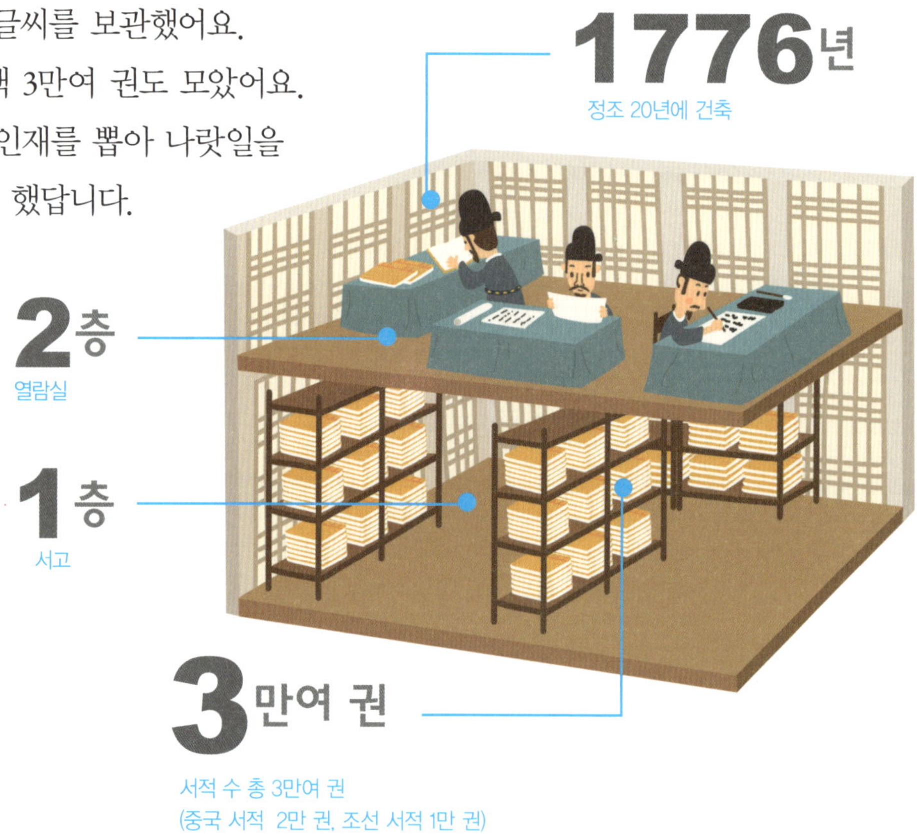

알쏭달쏭 바로알기

틀린 곳을 맞게 고쳐 쓰세요.

- 규장각은 왕실 ~~수라간~~입니다. (   )
- 규장각은 ~~영조~~가 지었습니다. (   )
- 규장각은 ~~경복궁~~ 안에 있습니다. (   )

역사 용어 정리하기

□□□은 정조가 만든 왕실 도서관이자 연구 기관입니다.

수원 화성

정조가 세운 새로운 궁성이자 신도시입니다

정조는 아버지의 묘가 있는 수원에 화성을 세웠어요.
화성은 새로운 궁성이면서 튼튼한 군사 요새이자 자유로운 상업 도시였어요.
정조는 화성을 기반으로 강력한 왕권을 가지고 왕도 정치를 펼치고자 했지요.
수원 화성은 1997년 유네스코 세계 문화유산으로 등록되었답니다.

알쏭달쏭 바로알기

틀린 곳을 맞게 고쳐 쓰세요.

- ~~인조~~는 새로운 궁성인 화성을 세웠습니다. (　　　　　)
- 화성은 ~~안양~~에 있습니다. (　　　　　)
- 정조는 ~~금성~~을 기반으로 왕도 정치를 꿈꾸었습니다. (　　　　　)

역사 용어 정리하기

정조가 세운 새로운 궁성이자 신도시는 □□ □□입니다.

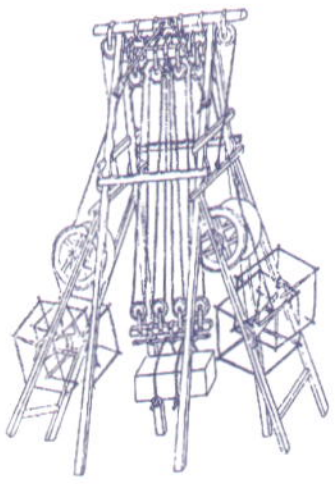

거중기

무거운 물체를 들어 올리는 장치입니다

들 거(擧), 무거울 중(重), 기계 기(機),
무거운 물체를 들어 올리는 기구라는 뜻이에요.
움직도르래를 사용해 작은 힘으로도 무거운 물체를 들어 올릴 수 있지요.
정약용이 화성 건축 때 만들어 썼답니다.

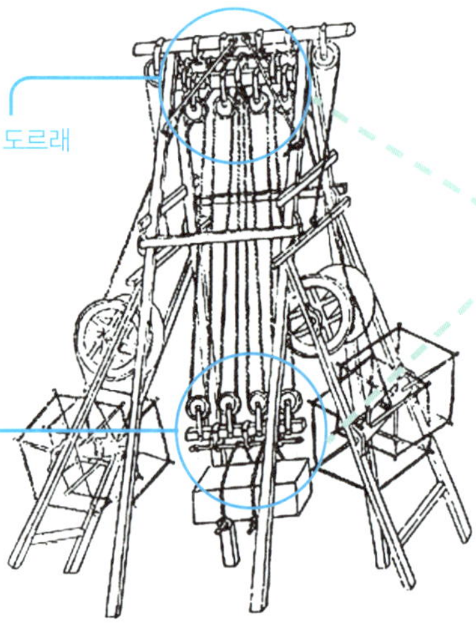

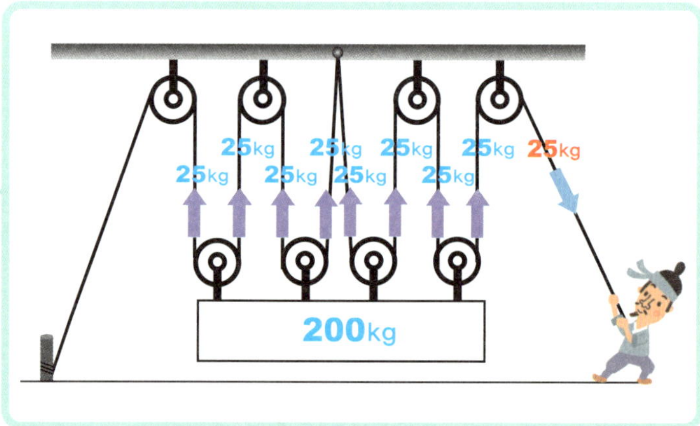

도르래의 원리

알쏭달쏭 바로알기

내용이 맞으면 ○표, 틀리면 X표를 하세요.

- 거중기는 가벼운 물체를 들어 올리는 기구입니다. (　　)
- 거중기는 작은 힘으로도 무거운 물체를 쉽게 들어 올립니다. (　　)
- 정약용이 화성 건축 때 거중기를 만들어 썼습니다. (　　)

역사 용어 정리하기

☐☐☐는 무거운 물체를 들어 올리는 장치입니다.

녹로

물체를 들어 올려 옮기는 장치입니다

녹로는 우리말로 도르래라는 뜻이에요.
기다란 장대 꼭대기에 고정 도르래가 달려 있어요.
녹로는 고정 도르래를 이용해 물체를 들어 원하는 위치로 옮기는 장치입니다.
화성 건축 때 성벽을 차곡차곡 쌓아 올리는 데 사용했지요.
요즘의 크레인과 비슷해요. 삼국 시대 때부터 썼다는 의견도 있답니다.

알쏭달쏭 바로알기

틀린 곳을 맞게 고쳐 쓰세요.

- ~~화로~~는 우리말로 도르래라는 뜻입니다. (   )
- 녹로의 장대 꼭대기에는 고정 ~~두레박~~이(가) 있습니다. (   )
- 녹로는 요즘의 ~~굴삭기~~와(과) 비슷합니다. (   )

역사 용어 정리하기

□□는 물체를 들어 올려 옮기는 장치입니다.

上言 상언

왕에게 글로 억울함을 호소하는 제도입니다

올릴 상(上), 말씀 언(言), 말씀을 올린다는 뜻이에요.
억울한 일을 당한 백성이 왕에게 그 사정을 글로 써서 올리는 제도입니다.
한문을 모르는 일반 백성은 이용하기가 쉽지 않았어요.
개인이 아니라 집단이 올리는 경우는 등소라고 해요.

알쏭달쏭 바로알기

틀린 곳을 맞게 고쳐 쓰세요.

- ~~상투~~는(은) 억울한 일을 글로 써서 올리는 제도입니다. (　　　　　)
- 억울한 일을 당한 백성이 ~~사또~~에게 올렸습니다. (　　　　　)
- 집단이 올리는 상언은 ~~상소~~라고 합니다. (　　　　　)

역사 용어 정리하기

왕에게 글로 억울함을 호소하는 제도는 □□ 입니다.

격쟁

징이나 꽹과리를 쳐 왕에게 억울함을 호소하는 제도입니다

칠 격(擊), 징 쟁(錚), 징을 친다는 뜻이에요.
왕이 궁궐 밖으로 행차할 때 징이나 꽹과리를 쳐 왕에게 직접 억울한 사정을 알리는 제도입니다.
글을 모르는 평민이나 천민 등이 이용했어요.
상언과 격쟁은 정조 때 가장 많았는데 4,427건이나 된답니다. 그만큼 백성의 의견을 적극적으로 받아들였던 것이지요.

알쏭달쏭 바로알기

두 단어 중 맞는 것에 ○표 하세요.

- (상언, 격쟁)이란 징을 친다는 뜻입니다.
- 격쟁은 왕이 궁궐 (밖, 안)으로 행차할 때 이루어졌습니다.
- (글, 그림)을 모르는 백성이 격쟁을 이용했습니다.

역사 용어 정리하기

징이나 꽹과리를 쳐 왕에게 억울함을 호소하는 제도는 ☐☐입니다.

배다리

배 여러 척을 엮어 만든 다리입니다

한자로는 주교(舟橋)라고 합니다.
배를 여러 척 엮고 그 위에 나무판을
늘어놓아 연결한 다리지요.
정조가 화성에 행차하느라 한강을
건널 때 설치했습니다.
정약용의 설계도에 따라 한강을
오가는 큰 배 36척을 빌렸지요.
정조의 화성 행차가 끝나면
배다리는 철거되었습니다.

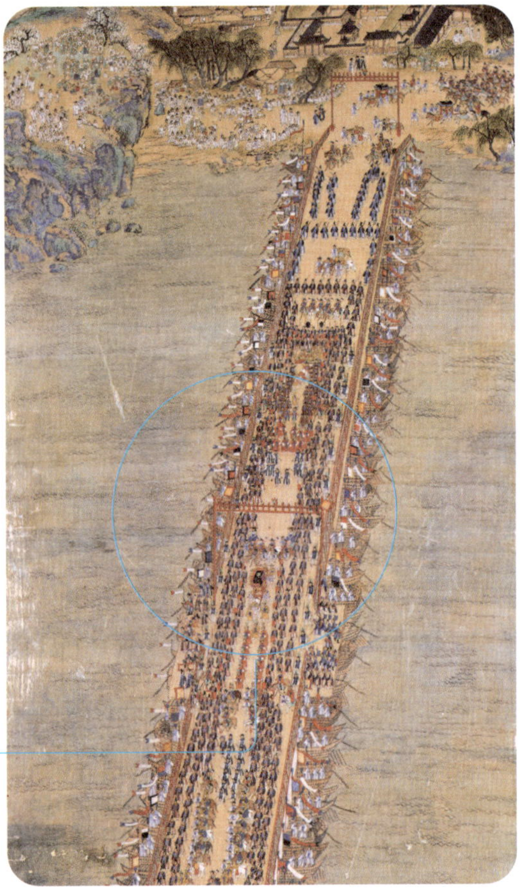

알쏭달쏭 바로알기

틀린 곳을 맞게 고쳐 쓰세요.

- 배다리는 한자로 판교라고 합니다. (　　　　　)
- 배다리는 차를 여러 척 연결한 다리입니다. (　　　　　)
- 정조는 청계천을 건너기 위해 배다리를 놓았습니다. (　　　　　)

역사 용어 정리하기

□□□는 배 여러 척을 엮어 만든 다리입니다.

의궤

조선 시대에 왕실과 나라의 행사를 기록한 보고서입니다

의궤(儀軌)는 의식의 모범이 되는 책이라는 뜻이에요. 조선은 주요 행사를 그림과 글로 꼼꼼히 기록한 의궤를 만들었어요. 왕실의 혼인, 회갑연, 장례 등과 외국 사신의 접대뿐만 아니라 실록 편찬, 왕릉이나 궁궐 건축 때도 의궤를 만들었어요. 의궤에는 일정, 참가자, 도구, 비용 등 행사의 모든 과정이 자세히 기록됩니다. 현재 의궤 수천 권이 남아 있으며, 유네스코 세계 기록 유산입니다.

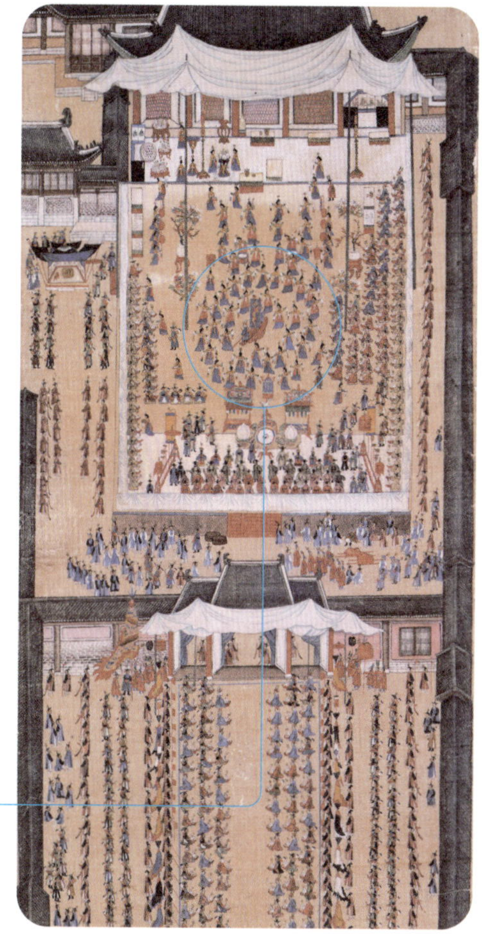

알쏭달쏭 바로알기

틀린 곳을 맞게 고쳐 쓰세요.

- 조선은 나라의 행사를 ~~사진~~과 글로 기록했습니다. (　　　　　　)
- ~~실록~~에는 행사의 모든 과정이 자세히 기록됩니다. (　　　　　　)
- 현재 우리나라에는 의궤가 ~~수십~~ 권 남아 있습니다. (　　　　　　)

역사 용어 정리하기

□□는 조선 시대에 왕실과 나라의 행사를 기록한 보고서입니다.

모내기법
고구마
담배
장시
보부상
경강 상인
송상
만상
내상
상평통보
공명첩
양반전
서얼
삼종지도
열녀문

2

사회와 경제

허난설헌
김만덕
하멜 표류기
연행사
천리경
자명종
곤여만국전도
혼일강리역대국도지도
서학
천주실의
이승훈
신해박해
동학
최제우
인내천
용담유사

모내기법

모판에서 모를 길러 논에 옮겨 심는 농사법입니다

모를 낸다는 말은 모를 옮겨 심는다는 말이에요.
모판에 볍씨를 뿌리고, 잘 자란 모를 골라 논에 옮겨 심는 방법이지요.
볍씨를 직접 논에 뿌릴 때와 달리 벼는 튼튼하게 자랐고,
잡초 뽑는 횟수도 줄었어요. 벼 수확량도 크게 늘었지요.
모내기 때는 논에 물이 넉넉해야 했기 때문에, 저수지도 발달했어요.

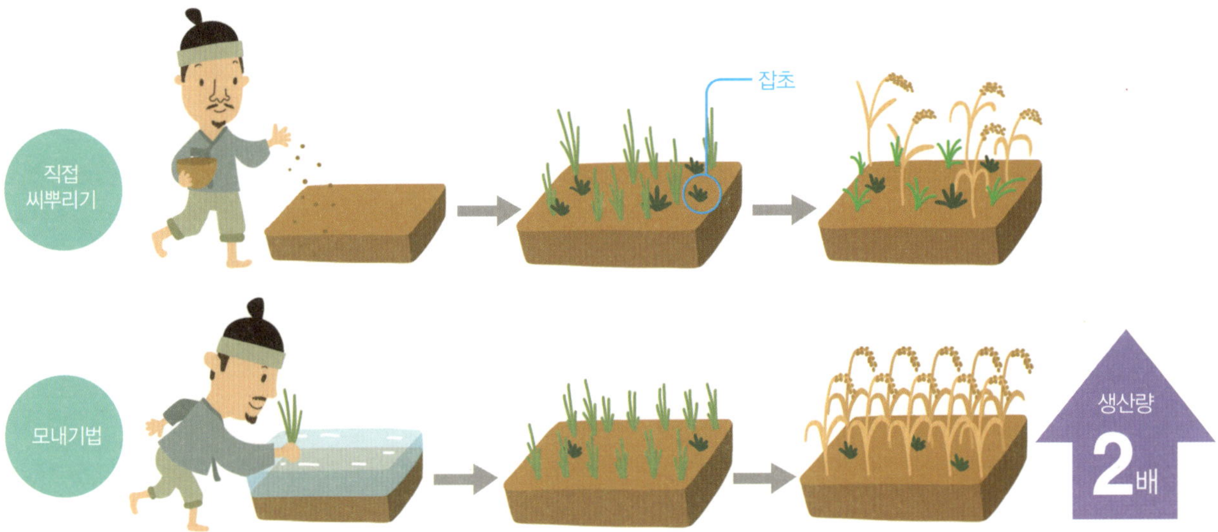

알쏭달쏭 바로알기

틀린 곳을 맞게 고쳐 쓰세요.

- 모내기법은 ~~벼~~를 길러 옮겨 심는 농사법입니다. (   )
- 모내기법 이전에는 ~~모~~를 직접 논에 뿌렸습니다. (   )
- 모내기 때는 논에 ~~풀~~이 넉넉해야 합니다. (   )

역사 용어 정리하기

□□□□은 모판에서 모를 길러 논에 옮겨 심는 농사법입니다.

고구마

조선 후기에 외국에서 들어온 구황 작물입니다

구황 작물이란 구할 구(救), 거칠 황(荒), 굶주림을 구하는 작물이란 뜻이에요. 먹을 게 부족할 때 주식 대신 먹을 수 있는 농작물을 말하지요.
조선 후기에 외국에서 들어온 대표적인 구황 작물로는 고구마와 감자가 있어요. 고구마는 일본, 감자는 청나라를 통해 들어왔어요.
고구마 재배법을 다룬 《감저신보》도 편찬되었는데, 감저란 '달달한 마'라는 뜻으로 고구마를 뜻했어요.

알쏭달쏭 바로알기

틀린 곳을 맞게 고쳐 쓰세요.

- 굶주림을 구하는 작물을 ~~구형~~ 작물이라 합니다. (　　　　　)
- 고구마와 ~~피자~~는 대표적인 구황 작물입니다. (　　　　　)
- 감저란 말은 ~~감자~~를 뜻하는 말입니다. (　　　　　)

역사 용어 정리하기

□□□는 조선 후기에 외국에서 들어온 구황 작물입니다.

담배

인삼과 함께 조선 후기의 대표적인 상품 작물입니다

팔아서 돈이 되는 작물을 상품 작물이라고 해요.
담배는 임진왜란 이후에 우리나라에 들어온 외래 작물이에요.
들어오자마자 인기가 좋았지요.
담뱃잎을 말려 내다 팔면 이익을 많이 얻을 수 있어,
널리 재배되었어요.
담배는 원래 포르투갈 어로 타바코였는데 다바코,
담바구를 거쳐 담배로 불리게 되었어요.

알쏭달쏭 바로알기

두 단어 중 맞는 것에 ○표 하세요.

- 담배는 임진왜란 이후에 들어온 (외래, 토종) 작물입니다.
- 팔아서 돈이 되는 작물을 (경품, 상품) 작물이라고 합니다.
- 조선 후기 대표적인 상품 작물은 인삼과 (담배, 감자)입니다.

역사 용어 정리하기

□□는 인삼과 함께 조선 후기의 대표적인 상품 작물입니다.

장시

조선 시대에 정기적으로 열린 시장입니다

장시는 며칠에 한 번씩 또박또박 열렸어요.
대개 5일장으로 5일에 한 번씩 열렸어요.
7일, 10일, 15일장도 있었지요.
장이 열리는 날을 '장날'이라 하고,
장이 열리는 것을 '장이 선다'라고 해요.
조선 후기에 상업이 발달하면서
장시의 수가 크게 늘었어요.
영·정조 때에는 1,000개가 넘었다고 해요.

5일장
5일마다 열리는 장

7일장
7일마다 열리는 장

알쏭달쏭 바로알기

틀린 곳을 맞게 고쳐 쓰세요.

- 장시는 정기적으로 열린 ~~축제~~입니다. (   )
- 5일에 한 번씩 열리면 ~~7일장~~이라고 합니다. (   )
- 장이 열리는 것을 '~~상~~이 선다'라고 합니다. (   )

역사 용어 정리하기

조선 시대에 정기적으로 열린 시장을 ☐☐라고 합니다.

보부상

봇짐장수와 등짐장수를 합쳐 부르는 말입니다

한자로는 보자기 보(褓), 질 부(負), 상인 상(商)이에요.
보부상은 보상과 부상을 합친 말이에요.
보상은 봇짐장수로 물건을 보자기에 싸서 들고 다니거나 질빵으로 짊어지고 다녀요.
부상은 등짐장수로 물건을 지게에 지고 다녀요.
보부상은 전국을 돌아다니며 장사를 했고, 장돌뱅이라고 불렀어요.

알쏭달쏭 바로알기

틀린 곳을 맞게 고쳐 쓰세요.

- 봇짐장수는 부상입니다. (   )
- 등짐장수는 보상입니다. (   )
- 보부상은 다른 말로 상돌뱅이라고 합니다. (   )

역사 용어 정리하기

□□□은 봇짐장수와 등짐장수를 합쳐 부르는 말입니다.

경강 상인

한강 일대에서 활동한 상인입니다

서울 경(京), 강 강(江), 경강은 한양 지역을 흐르는 한강 일대를 이르는 말이에요. 경강 상인은 원래 나라에서 세금으로 거둔 곡식을 배로 운반하는 일을 했어요. 조선 후기에는 큰 상인으로 성장했지요. 경강 상인은 배를 거느리고 생산지로 직접 내려가 싼값에 물건을 사서 한양에 올라와 비싼 값에 팔았어요.

알쏭달쏭 바로알기

내용이 맞으면 ○표, 틀리면 X표를 하세요.

- 경강은 한양 지역을 흐르는 한강 일대를 말합니다. ( )
- 경강 상인은 세금으로 거둔 인삼을 운반했습니다. ( )
- 경강 상인은 소를 이용해 장사를 했습니다. ( )

역사 용어 정리하기

□□ □□은 한강 일대에서 활동한 상인입니다.

송상

개성을 중심으로 활동한 상인입니다

송상은 송도 상인을 줄인 말이에요.
개성을 예전에는 송도라고 했거든요.
고려 때부터 개성은 상업 활동이
활발한 곳이었어요.
조선 후기에 들어 개성상인의 활동은
더욱 두드러졌지요.
전국 각지에 지점인 송방을 두었고,
인삼 거래를 독점하면서
대외 무역에도 적극 참여했어요.

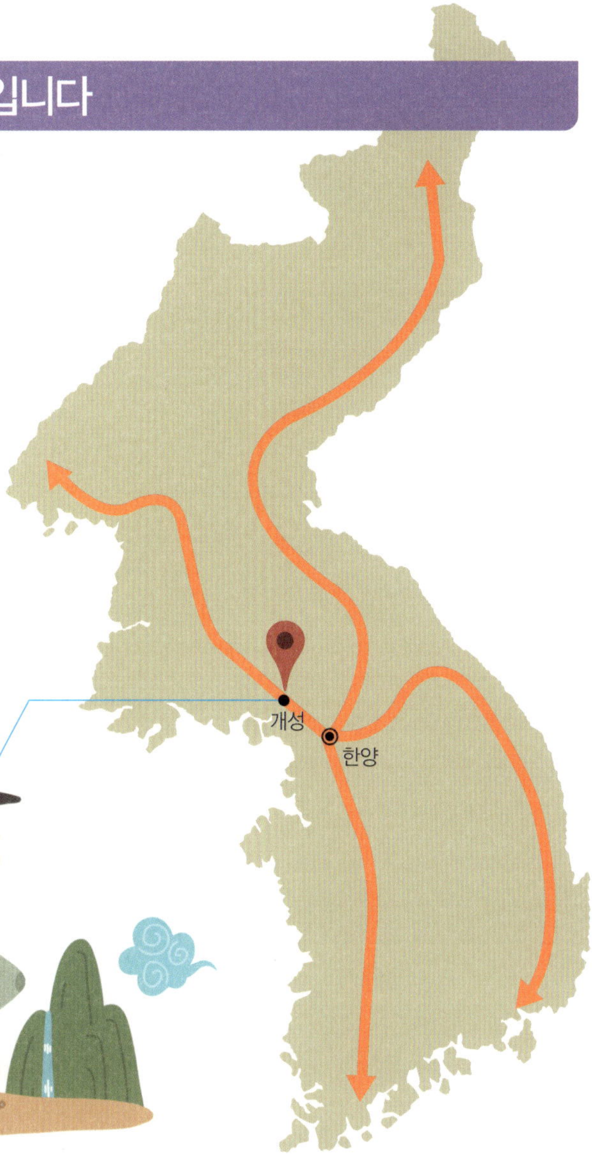

알쏭달쏭 바로알기

틀린 곳을 맞게 고쳐 쓰세요.

- ~~숭상~~은 송도 상인을 줄인 말입니다. (　　　　　)
- 송상은 ~~평양~~을 중심으로 활동한 상인입니다. (　　　　　)
- 송상은 ~~담배~~ 거래를 독점했습니다. (　　　　　)

역사 용어 정리하기

□□은 개성을 중심으로 활동한 상인입니다.

만상

의주를 중심으로 활동한 상인입니다

의주 상인을 만상이라고 불러요.
의주를 용만이라고 불렀기 때문이에요.
의주는 청나라로 가는 길목에 있어요.
조선 후기에 청나라와 무역이 활발해지자
만상은 청나라와 교역하여
큰 이익을 남겼어요.
만상이 청나라에서 구입한 물품을
개성의 송상이 국내에서 판매하는
경우가 많았어요.

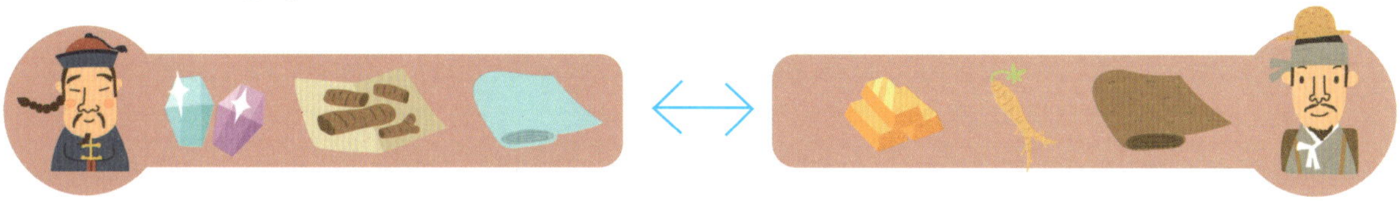

알쏭달쏭 바로알기

틀린 곳을 맞게 고쳐 쓰세요.

- 의주 상인은 ~~송상~~이라고 부릅니다. (   )
- 의주는 ~~일본~~(으)로 가는 길목에 있습니다. (   )
- 만상은 조선 ~~전기~~에 청나라와 교역했습니다. (   )

역사 용어 정리하기

□□은 의주를 중심으로 활동한 상인입니다.

내상

동래를 중심으로 활동한 상인입니다

동래 상인을 줄여 내상이라고 해요.
동래는 지금의 부산입니다.
동래에는 일찍이 왜관이 있었어요.
일본을 상대로 하는 무역 장소지요.
예부터 우리나라는 일본을 왜라고 불렀거든요.
내상은 왜관에 출입하면서,
국내의 물품과 청나라에서 수입한 물품을 팔고 일본의 상품을 수입했어요.

알쏭달쏭 바로알기

두 단어 중 맞는 것에 ○표 하세요.

- 동래 상인을 줄여 (동상, 내상)이라고 부릅니다.
- 동래에는 (왜관, 청관)이라는 무역 장소가 있습니다.
- 내상은 왜관에서 (영국, 일본) 상인과 교역했습니다.

역사 용어 정리하기

□□은 동래를 중심으로 활동한 상인입니다.

상평통보

조선 후기에 사용된 대표적인 동전입니다

상업이 발달하면서 거래하기 편하도록 화폐가 많이 사용되었어요.
그 중 동전인 상평통보가 전국적으로 쓰였지요.
항상 상(常), 고를 평(平), 통할 통(通), 돈 보(寶),
항상 가치가 일정하게 통하는 돈이라는 뜻이에요.
단위는 1푼(문)이에요. 10푼이 1전, 10전이 1냥이지요.

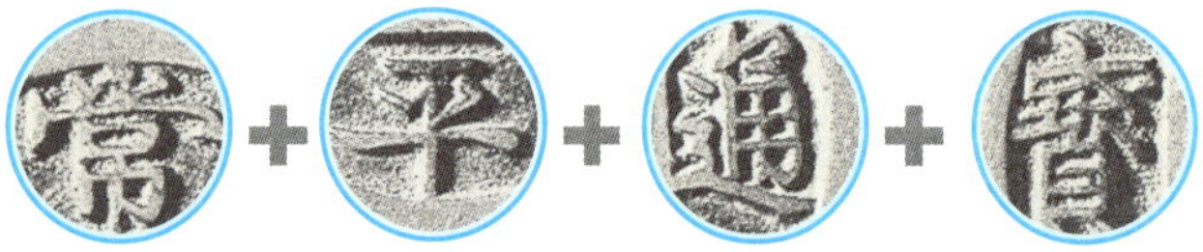

1전 = 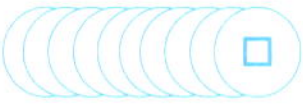 10푼

알쏭달쏭 바로알기

틀린 곳을 맞게 고쳐 쓰세요.

- 조선 후기에는 거래할 때 ~~옷감~~을(를) 사용했습니다. (　　　　　　)
- 상평통보는 ~~지폐~~입니다. (　　　　　　)
- 상평통보의 단위는 ~~1원~~입니다. (　　　　　　)

역사 용어 정리하기

조선 후기에 사용된 대표적인 동전은 □□□□ 입니다.

공명첩

이름을 비워 둔 벼슬 임명장입니다

빌 공(空), 이름 명(名), 문서 첩(帖),
이름을 비워 둔 벼슬 문서란 뜻으로 즉석에서 이름만 써 넣으면 돼요.
조선 후기에는 전쟁 후유증으로 나라 살림이 어려워졌어요.
돈이나 곡식을 바치는 사람에게 나라에서는 공명첩을 팔았지요.
부유한 평민이나 노비가 공명첩을 사서 양반이 되는 경우가 많았답니다.

알쏭달쏭 바로알기

틀린 곳을 맞게 고쳐 쓰세요.

- 공명첩이란 ~~관직~~을 비워 둔 임명장이란 뜻입니다. (   )
- ~~공명장~~은 즉석에서 이름을 써 넣었습니다. (   )
- 부유한 평민이 공명첩을 사서 ~~노비~~가(이) 되었습니다. (   )

역사 용어 정리하기

이름을 비워 둔 벼슬 임명장을 □□□이라고 합니다.

양반전

박지원이 쓴 한문 소설로 양반을 비꼬는 이야기입니다

전(傳)은 이야기이니, 《양반전》은 양반에 대한 짧은 이야기란 말이지요.
《양반전》에서 가난한 양반은 부자 평민에게 곡식을 받고 양반 족보를 팝니다.
양반이 된 부자 평민은 양반이 해야 할 일을 알고서는,
양반이 겉치레만 요란할 뿐 도둑놈이라며 양반을 포기하고 맙니다.

알쏭달쏭 바로알기

내용이 맞으면 ○표, 틀리면 X표를 하세요.

- 《양반전》은 박지원이 쓴 한글 소설입니다. (　　)
- 전(傳)이란 부침개를 뜻하는 말입니다. (　　)
- 가난한 양반은 양반 족보를 팔았습니다. (　　)

역사 용어 정리하기

《□□□》은 박지원이 쓴 한문 소설로 양반을 비꼬는 이야기입니다.

서얼

양반 남자와 첩 사이에서 태어난 자식입니다

첩은 정식 부인이 아니에요. 양인 첩의 자식은 서자(庶子), 천인 첩의 자식은 얼자(孼子)라 하지요. 서자와 얼자를 통틀어 서얼이라고 합니다.
서얼은 가족 안에서뿐만 아니라 사회에서도 차별을 받았어요.
과거도 볼 수 없었지요. 정조가 서얼도 벼슬길에 오를 수 있도록 했는데, 이때 서얼 출신이 규장각 관리로 많이 뽑혔어요.

알쏭달쏭 바로알기

틀린 곳을 맞게 고쳐 쓰세요.

- 양인 첩의 자식은 ~~얼자~~라고 합니다. (　　　　　)
- 천인 첩의 자식은 ~~서자~~라고 합니다. (　　　　　)
- ~~인조~~는 서얼도 벼슬길에 오르게 하였습니다. (　　　　　)

역사 용어 정리하기

양반 남자와 첩 사이에서 태어난 자식을 □□이라고 합니다.

삼종지도

조선 시대에 여자가 따라야 할 세 가지 도리입니다

석 삼(三), 따를 종(從), 도리 도(道), 즉 세 가지 따라야 할 도리라는 뜻이에요. 여자는 어려서는 아버지를, 결혼해서는 남편을, 남편이 죽은 뒤에는 아들을 따라야 한다는 것이지요. 유교를 따르는 조선 시대에 여자가 할 일이란 아들을 낳고, 집안일을 하고, 제사 음식을 만드는 것이었어요.

알쏭달쏭 바로알기

틀린 곳을 맞게 고쳐 쓰세요.

- 사종지도란 여자가 따라야 할 세 가지 도리라는 뜻입니다. (　　　　　　)
- 삼종지도란 여자가 아버지, 남편, 딸을 따른다는 뜻입니다. (　　　　　　)
- 불교를 따르는 조선 시대에는 삼종지도가 엄격했습니다. (　　　　　　)

역사 용어 정리하기

조선 시대에 여자가 따라야 할 세 가지 도리를 □□□□라고 합니다.

열녀문

절개를 지킨 여인을 기리고자 세운 붉은 문입니다

열녀는 고난이나 죽음을 무릅쓰고 남편에게 정성을 다하거나 남편이 죽은 뒤에도 그 남편만을 섬기며 절개를 지키는 여자를 말합니다. 조선 시대에 남자는 충신이 되도록, 여자는 열녀가 되도록 교육받았어요. 나라에서는 열녀를 장려하고자 열녀문을 지어 주고 세금을 면제했지요. 열녀문은 열녀가 난 집 앞이나 마을 입구에 세웠답니다.

알쏭달쏭 바로알기

두 단어 중 맞는 것에 ○표 하세요.

- 절개를 지킨 여자를 (미녀, 열녀)라고 합니다.
- 열녀문은 (나라, 가문)에서 세워 주었습니다.
- 열녀문은 열녀가 난 집 (앞, 뒤)에 세웠습니다.

역사 용어 정리하기

절개를 지킨 여인을 기리고자 세운 붉은 문을 □□□이라고 합니다.

허난설헌

허균의 누이로 조선 중기 천재 여류 시인입니다

본명은 허초희고, 난설헌은 호입니다. 조선 시대 여자들은 이름 대신 호로 더 많이 불렸어요. 난설헌은 눈 속에 난초가 있는 집이라는 뜻으로, 허난설헌이 살았던 집의 이름이기도 하지요. 허난설헌은 문학, 특히 한시에 재능이 뛰어났어요. 불행한 결혼 생활 끝에 일찍 죽고 말았지만, 허난설헌이 지은 시는 중국과 일본에 전해져 조선에서보다 더 큰 칭찬을 받았답니다.

알쏭달쏭 바로알기

틀린 곳을 맞게 고쳐 쓰세요.

- 허난설헌은 이름이(가) 난설헌입니다. (　　　　)
- 허난설헌은 바느질에 재능이 뛰어났습니다. (　　　　)
- 허사임당의 시는 중국과 일본에서 격찬을 받았습니다. (　　　　)

역사 용어 정리하기

□□□□은 허균의 누이로 조선 중기 천재 여류 시인입니다.

김만덕

조선 후기 제주도의 여성 상인이자 자선 사업가입니다

김만덕은 어릴 적에 부모를 잃고 기생이 되었어요.
자라서 다시 평민 신분을 되찾고 장사를 시작해
30년 만에 제주 최고의 부자가 되었지요.
그러던 어느 해 제주에 흉년이 들었어요.
김만덕은 전 재산을 털어
굶어 죽어가는 제주 백성을 구했어요.
재상 채제공은 《만덕전》을 지어
김만덕의 선행을 세상에 널리 알렸답니다.

알쏭달쏭 바로알기

틀린 곳을 맞게 고쳐 쓰세요.

- ~~김만봉~~은 어릴 적에 부모를 잃고 기생이 되었습니다. (　　　　　)
- 김만덕은 장사로 ~~경주~~ 최고의 부자가 되었습니다. (　　　　　)
- 김만덕은 ~~풍년~~에 전 재산을 털어 제주 백성을 구했습니다. (　　　　　)

역사 용어 정리하기

□□□은 조선 후기 제주도의 여성 상인이자 자선 사업가입니다.

하멜 표류기

하멜이 쓴 조선 견문록입니다

네덜란드 사람 하멜은 다른 선원들과 함께 무역선을 타고 일본으로 가던 중 태풍을 만나 1653년에 제주도에 닿았어요.
선원들은 조선에서 붙잡혀 지내다 14년 만에 귀국했지요.
귀국 후 하멜은 자신의 항해 과정과 조선의 실상을 담아 책으로 펴냈어요.
이 책을 통해 조선이 처음으로 서양에 소개되었답니다.

태풍을 만나 표류하다

강제 노동을 하다

조선 감옥에 갇히다

조선에 서양 기술을 전하다

알쏭달쏭 바로알기

내용이 맞으면 ○표, 틀리면 X표를 하세요.

- 하멜은 네덜란드 사람입니다. (　　)
- 하멜은 일본으로 가던 중 태풍을 만나 거제도에 닿았습니다. (　　)
- 《하멜 표류기》는 고려를 처음으로 서양에 소개한 책입니다. (　　)

역사 용어 정리하기

《□□ □□□》는 하멜이 쓴 조선 견문록입니다.

연행사

조선이 청나라에 보낸 사신을 일컫습니다

청나라의 수도 연경(연燕)에 가는(행行) 사신(사使)이라는 뜻이에요.
사신과 수행원을 포함해 수백 명이었고, 왕복 5개월 정도 걸렸어요.
연행사는 연경에 도착해 청나라 황제를 만나 인사를 드리고,
청나라 학자와 서양 선교사를 만나 문화를 교류했어요.
연행사를 통해 서양 문물이 조선에 소개되었답니다.

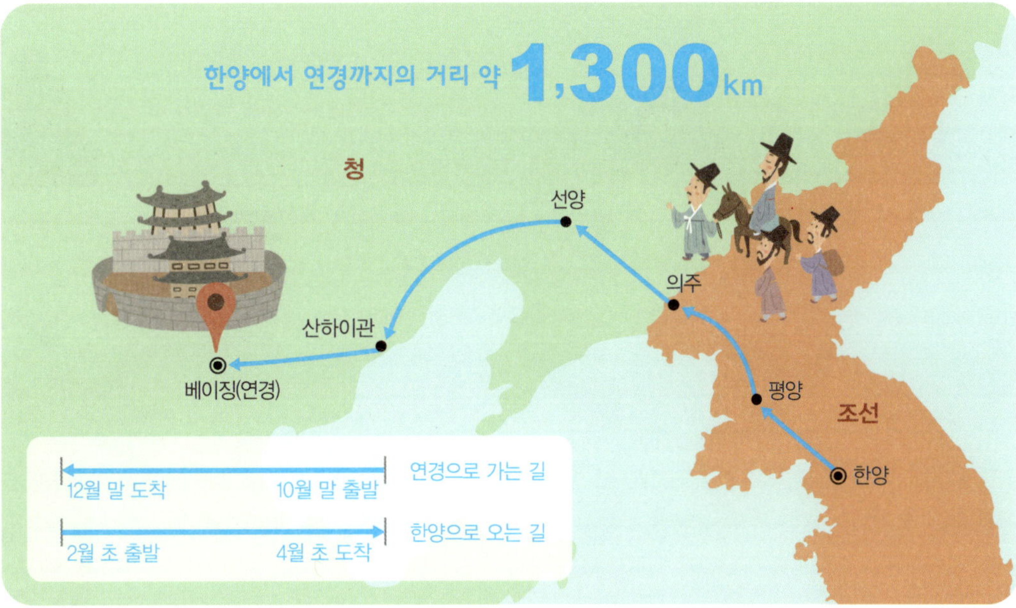

알쏭달쏭 바로알기

틀린 곳을 맞게 고쳐 쓰세요.

- 연행사는 연경에 가는 ~~상인~~이라는 뜻입니다. (　　　　)
- 연경은 ~~일본~~의 수도입니다. (　　　　)
- 연행사가 서양 문물을 ~~중국~~에 소개했습니다. (　　　　)

역사 용어 정리하기

조선이 청나라로 보낸 사신을 □□□라고 합니다.

천리경

조선 후기에 들어온 서양 망원경입니다

천 리 밖의 물체를 볼 수 있는 거울(경鏡)이라는 뜻이에요.
리는 거리를 나타내는 단위이고, 천 리는 약 400킬로미터입니다.
보통은 아주 먼 거리를 말할 때 천 리라고 합니다.
서양 망원경이 먼 거리에 있는 물체를 크게 볼 수 있다 하여,
천리경이라는 이름으로 조선에 소개되었답니다.
만리경, 축원경이라고도 불렀습니다.

알쏭달쏭 바로알기

틀린 곳을 맞게 고쳐 쓰세요.

- 천리경은 서양 현미경을 말합니다. (　　　　　)
- 천 리는 약 400센티미터입니다. (　　　　　)
- 천리경은 조선 전기에 들어왔습니다. (　　　　　)

역사 용어 정리하기

□□□은 조선 후기에 들어온 서양 망원경입니다.

자명종

조선 후기에 들어온 서양 자동 시계입니다

저절로(자自) 울리는(명鳴) 시계(종鐘)입니다.
조선 후기에 정두원이 중국 사신으로 갔다가 서양 사람에게서 선물로 받아 가지고 들어왔어요.
당시 자명종은 지금의 자명종인 알람 시계와 달리 매 시각마다 정해 놓은 규칙대로 종이 울리는 시계였답니다.

1600년대 영국에서 만든 자명종

알쏭달쏭 바로알기

두 단어 중 맞는 것에 ○표 하세요.

- (초인종, 자명종)은 저절로 울리는 시계라는 뜻입니다.
- 자명종은 조선 (전기, 후기)에 들어왔습니다.
- 자명종은 서양 (자동, 수동) 시계입니다.

역사 용어 정리하기

☐☐☐은 조선 후기에 들어온 서양 자동 시계입니다.

곤여만국전도

조선 후기에 들어온 서양식 세계 지도입니다

지구(곤여坤輿)에 있는 세계 모든 나라(만국萬國)의
전체 모습을 그린 지도(전도全圖)라는 뜻입니다.
이탈리아 선교사 마테오 리치가 만든 지도로, 조선에 전래된
최초의 서양식 세계 지도입니다.
조선의 지식인들은 이 지도를 통해 중국이 더 이상 세계의 중심이 아니며,
또 다른 넓은 세계가 있다는 사실을 깨닫게 되었습니다.

알쏭달쏭 바로알기

틀린 곳을 맞게 고쳐 쓰세요.

- 곤여는 지구를, ~~전도~~는(은) 세계 모든 나라를 뜻합니다. (   )
- 곤여만국전도는 서양식 세계 ~~시계~~입니다. (   )
- 곤여만국전도는 ~~마젤란~~이(가) 만들었습니다. (   )

역사 용어 정리하기

□□□□□□는 조선 후기에 들어온 서양식 세계 지도입니다.

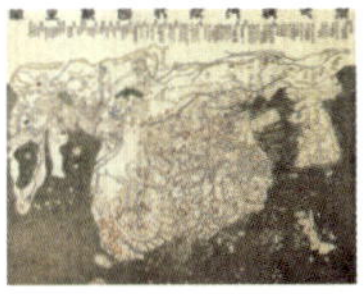

혼일강리역대국도지도

조선 시대 최초의 세계 지도입니다

조선 전기에 만든 지도로 동양에서 가장 오래된 세계 지도예요.
세계의 영토(혼일강리混一疆理)와 역대 왕조의 도읍 및 도시(역대국도歷代國都)를 나타낸 지도(지도之圖)라는 뜻이지요.
조선이 세계를 하나로 아우를 큰 나라가 되기를 바라며 만든 지도랍니다.
지구는 네모로 그리고, 중국과 조선은 세계의 중심이라 하여 크게 그렸어요.

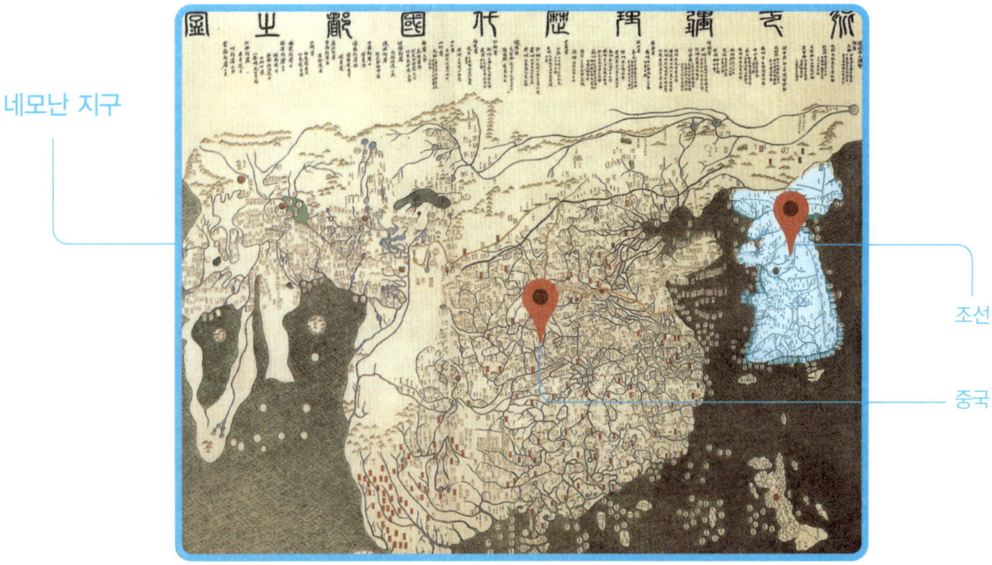

알쏭달쏭 바로알기

틀린 곳을 맞게 고쳐 쓰세요.

- 혼일강리역대국도지도는 가장 오래된 ~~조선~~ 지도입니다. (　　　　　)
- 혼일강리역대국도지도는 중국과 ~~일본~~을 크게 그렸습니다. (　　　　　)
- 혼일강리역대국도지도는 조선 ~~후기~~에 만든 지도입니다. (　　　　　)

역사 용어 정리하기

조선 시대 최초의 세계 지도는 □□□□□□□□□□입니다.

서학

조선 후기에 들어온 서양 문물이나 천주교를 말합니다

서학은 서양 학문을 줄인 말로 서양의 과학 기술과 사상을 말합니다.
조선 후기에 중국을 통해 서학이 들어오기 시작했습니다.
망원경, 자명종, 서양식 세계 지도 등 서양 문물이 이때 들어왔지요.
서학은 좁게는 천주학, 즉 천주교를 가리킵니다.
조선의 지식인들은 천주교도 처음엔 학문의 하나로 연구했습니다.

알쏭달쏭 바로알기

내용이 맞으면 ○표, 틀리면 X표를 하세요.

- 서학은 서양의 과학 기술과 사상을 말합니다. (　　)
- 조선 후기에 일본을 통해 서학이 들어오기 시작했습니다. (　　)
- 조선의 지식인들은 처음에는 천주교를 학문으로 연구했습니다. (　　)

역사 용어 정리하기

조선 후기에 들어온 서양 문물과 천주교를 □□이라고 합니다.

천주실의

마테오 리치가 쓴 한문 천주교 교리 책입니다

천주는 하늘(천天)의 주인(주主), 즉 하느님을 말하고,
실의는 참된(실實) 토론(의義)이라는 뜻이에요.
《천주실의》는 이탈리아 신부 마테오 리치가 중국에 천주교를 전파하고자 지었어요.
서양학자와 중국학자가 천주에 대해 토론하는 형식이지요.
이 책은 조선에서 천주교가 신앙으로 발전하는 데 큰 영향을 끼쳤어요.

알쏭달쏭 바로알기

틀린 곳을 맞게 고쳐 쓰세요.

- 천주실의는 ~~부처님~~에 대한 참된 토론이라는 뜻입니다. (   )
- 천주실의는 마테오 리치가 ~~유교~~를 전파하고자 지었습니다. (   )
- 천주실의는 한문으로 지은 ~~천도교~~ 교리 책입니다. (   )

역사 용어 정리하기

《□□□□》는 마테오 리치가 쓴 한문 천주교 교리 책입니다.

이승훈

우리나라 최초로 천주교 영세를 받은 신자입니다

이승훈은 유학자였는데 서학인 천주학을 공부하게 되었어요.
아버지가 청나라 사신으로 베이징에 가게 되자
따라가서 서양인 신부를 만났지요.
신부에게 천주교 교리를 배우고
영세를 받았어요.
돌아올 때 교리 책과 십자가상,
묵주 등을 가지고 돌아와
우리나라 최초로 천주교회를
세웠어요.

알쏭달쏭 바로알기

틀린 곳을 맞게 고쳐 쓰세요.

- 이승훈은 유학자로서 ~~동학~~인 천주학을 공부했습니다. (　　　　　　)
- 이승훈은 ~~한양~~에서 영세를 받았습니다. (　　　　　　)
- ~~이훈승~~은 우리나라 최초로 천주교회를 세웠습니다. (　　　　　　)

역사 용어 정리하기

우리나라 최초로 천주교 영세를 받은 신자는 □□□ 입니다.

신해박해

신해년에 일어난 최초의 천주교인 박해 사건입니다

신해년은 1791년입니다.
전라도 진산에서 천주교 신자 윤지충이 어머니가 돌아가시자
제사를 지내지 않고 천주교식으로 제례를 지냈어요.
나라에서는 윤지충을 사형시키고 천주교를 법으로 금지했습니다.
유교 예법에 어긋나며 우리의 풍속을 해친다고 생각했기 때문이지요.
뒷날 윤지충이 처형당한 자리에는 전동 성당이 들어섰답니다.

알쏭달쏭 바로알기

두 단어 중 맞는 것에 ○표 하세요.

- 신해박해는 신해년에 일어난 천주교 (박해, 공인) 사건입니다.
- 천주교 신자 윤지충은 (불교식, 천주교식)으로 제례를 지냈습니다.
- 나라에서 윤지충을 사형시키고 천주교를 (금지, 허용)했습니다.

역사 용어 정리하기

□□□□는 신해년에 일어난 최초의 천주교인 박해 사건입니다.

동학

동학

조선 후기에 최제우가 세운 종교입니다

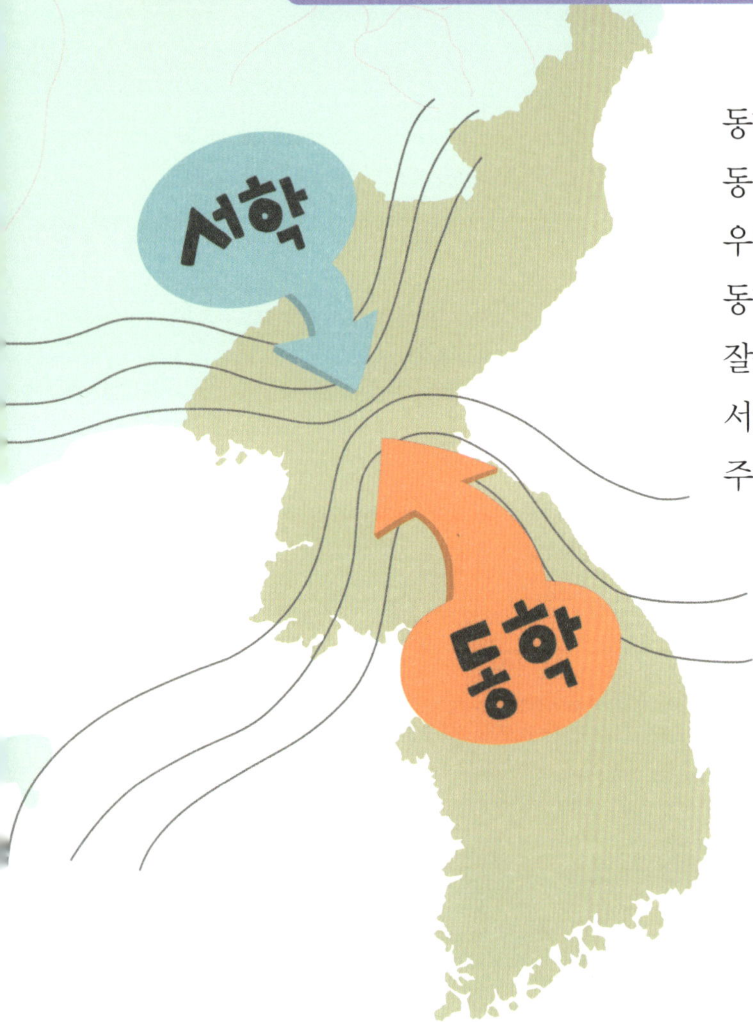

동학은 서학에 맞선다는 뜻으로 지은 이름입니다.
동쪽에서 일어난 가르침이란 뜻으로,
우리 것을 우리가 지키자는 의지를 담고 있지요.
동학은 인간 평등을 기본 사상으로 합니다.
잘못된 사회를 바꾸어 백성을 편안하게 하고,
서양 세력의 침략에서 나라를 구하자고
주장했습니다.

알쏭달쏭 바로알기

틀린 곳을 맞게 고쳐 쓰세요.

- 동학은 남학에 맞선다는 뜻으로 지은 이름입니다. (　　　　　)
- 동학은 인간 차별을 기본 사상으로 합니다. (　　　　　)
- 동학은 동양의 침략에서 나라를 구하자고 주장했습니다. (　　　　　)

역사 용어 정리하기

□□은 조선 후기에 최제우가 세운 종교입니다.

최제우

조선 후기에 동학을 세운 사람입니다

최제우는 경주의 가난한 양반 가문 출신입니다.
'어리석은(우愚) 백성을 구한다(제濟)'라는 뜻으로 이름을 제우라고 했지요.
1860년에 동학을 세웠고, 3년 뒤 붙잡혀 처형당했습니다.
세상을 어지럽힌다는 죄목이었지요.
그 뒤 최시형이 2대 교주가 되어 동학을 전파했습니다.
동학은 경상도에서 전라도와 충청도까지 퍼져 나갔습니다.

알쏭달쏭 바로알기

틀린 곳을 맞게 고쳐 쓰세요.

- 최제우는 ~~한양~~의 가난한 양반 가문 출신입니다. (   )
- 1860년에 최제우는 ~~서학~~을 세웠습니다. (   )
- 2대 교주 ~~최제우~~가(이) 동학을 널리 전파했습니다. (   )

역사 용어 정리하기

조선 후기에 동학을 세운 사람은 ☐☐☐ 입니다.

天 인내천

인간은 모두 평등하다는 동학의 근본 사상입니다

사람 인(人), 곧 내(乃), 하늘 천(天), 사람이 곧 하늘이라는 말이에요.
인간은 누구나 평등하니 귀하고 천함이 없다는 뜻이지요.
동학은 인내천 사상과 함께 후천개벽 사상도 주장했어요.
뒤 후(後), 하늘 천(天), 열 개(開), 열 벽(闢), 동학 이후 새로운 하늘
즉, 백성들이 바라는 새로운 세상이 열릴 것이라는 뜻이랍니다.

알쏭달쏭 바로알기

내용이 맞으면 ○표, 틀리면 X표를 하세요.

- 인내천은 사람이 곧 하늘이라는 말입니다. ( )
- 인내천이란 인간은 누구나 불평등하다는 뜻입니다. ( )
- 후천개벽은 새로운 세상이 열릴 것이라는 뜻입니다. ( )

역사 용어 정리하기

인간은 모두 평등하다는 동학의 근본 사상은 ☐☐☐입니다.

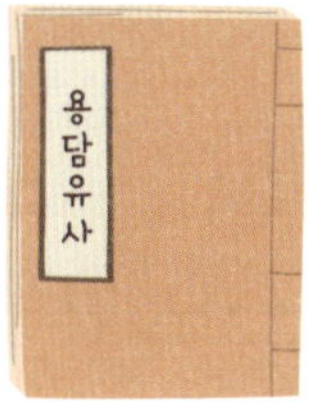

용담유사

최제우가 동학을 전파하려고 지은 가사집입니다

최제우는 동학의 경전으로 순한문으로 된 《동경대전》을 지었어요.
이에 앞서 한글 가사로 된 《용담유사》도 지었지요.
최제우가 깨달음을 얻은 장소인 용담에서 가사를 전한다는 뜻이에요.
3음절, 4음절로 계속 이어져 노래처럼 부를 수 있어요.
순 한글이라 일반 백성과 부녀자들이 쉽게 읽고 외울 수 있었답니다.

알쏭달쏭 바로알기

틀린 곳을 맞게 고쳐 쓰세요.

- 《용담유사》는 순한문으로 된 동학의 경전입니다. (　　　　　)
- 《용담유사》는 한문(으)로 되어 있습니다. (　　　　　)
- 《동경대전》은(는) 노랫말처럼 되어 있습니다. (　　　　　)

역사 용어 정리하기

《□□□□》는 최제우가 동학을 전파하려고 지은 가사집입니다.

판소리
춘향가
적벽가
수궁가
탈놀이
산대놀이
사설시조
한글 소설
세책점
전기수
홍길동전
백자

3 서민 문화

청화 백자
옹기
떡살
조각보
민화
작호도
화조도
문자도
백수백복도
도화서
풍속화
김홍도
신윤복

판소리

이야기를 노래와 말로 공연하는 민속 음악입니다

사람이 많이 모인 곳(판)에서 부르는 노래(소리)라는 뜻입니다.
판소리는 소리꾼과 고수가 이끌어갑니다.
소리꾼은 노래(창)하는 사이사이 설명하는 말(아니리)이나 몸짓(발림)을 섞습니다. 고수는 북을 치며 장단을 맞추고, "얼쑤!" 같은 가락(추임새)을 넣어 흥을 돋웁니다.

알쏭달쏭 바로알기

틀린 곳을 맞게 고쳐 쓰세요.

- 판소리에서 ~~편~~은 사람이 많이 모인 곳이라는 뜻입니다. (　　　　　)
- 판소리에서 노래하는 사람을 ~~나무꾼~~이라고 합니다. (　　　　　)
- 고수는 ~~손~~을 치며 장단을 맞춥니다. (　　　　　)

역사 용어 정리하기

□□□는 이야기를 노래와 말로 공연하는 민속 음악입니다.

춘향가

이몽룡과 춘향의 이야기를 노래한 판소리입니다

남원 사또의 아들 이몽룡과 기생의 딸 춘향이 주인공입니다.
둘은 사랑하는 사이지만 헤어지게 되지요.
춘향은 새로 온 남원 사또의 시중들기를 거절해 옥에 갇힙니다.
마침내 이몽룡이 암행어사가 되어 내려와 춘향을 구하지요.
춘향가는 신분을 뛰어넘은 사랑 이야기로, 당시 많은 사랑을 받았습니다.

알쏭달쏭 바로알기

틀린 곳을 맞게 고쳐 쓰세요.

- 춘향가는 ~~탈놀이~~입니다. (   )
- 춘향가의 주인공은 이몽룡과 ~~춘심~~입니다. (   )
- 춘향가는 ~~애국~~ 이야기입니다. (   )

역사 용어 정리하기

이몽룡과 춘향의 이야기를 노래한 판소리의 이름은 ☐☐☐ 입니다.

적벽가

삼국지연의에 나오는 적벽 대전을 노래한 판소리입니다

《삼국지연의》는 중국의 삼국 시대를 배경으로 한 역사 소설입니다.
조조, 유비, 손권이 주인공이지요.
적벽 대전은 양쯔 강의 적벽 근처에서 일어난 싸움입니다.
유비가 손권과 손을 잡고 10만 군사로 조조의 80만 대군을 무찔러 승리하지요.
적벽가는 이 싸움을 씩씩함과 장쾌함이 잘 드러나도록 노래한 판소리랍니다.

알쏭달쏭 바로알기

두 단어 중 맞는 것에 ○표 하세요.

- 《삼국지연의》는 (우리나라, 중국)의 삼국 시대가 배경입니다.
- 적벽 대전은 (양쯔, 라인) 강의 적벽 근처에서 벌어졌습니다.
- 적벽 대전에서 유비와 손권이 (관우, 조조)를 무찔렀습니다.

역사 용어 정리하기

☐☐☐는 《삼국지연의》에 나오는 적벽 대전을 노래한 판소리입니다.

수궁가

토끼와 별주부의 이야기를 노래한 판소리입니다

수궁은 바닷속 용궁입니다.
별주부는 주부라는 벼슬을 단 자라(별鼈)지요.
별주부는 용왕의 병을 고치려고 육지로 올라와 토끼의 간을 구합니다.
토끼는 별주부의 꾐에 빠져 바닷속까지 따라가지만
결국 꾀를 내어 자기 목숨을 지킵니다.
토끼 타령, 별주부 타령이라고도 부릅니다.

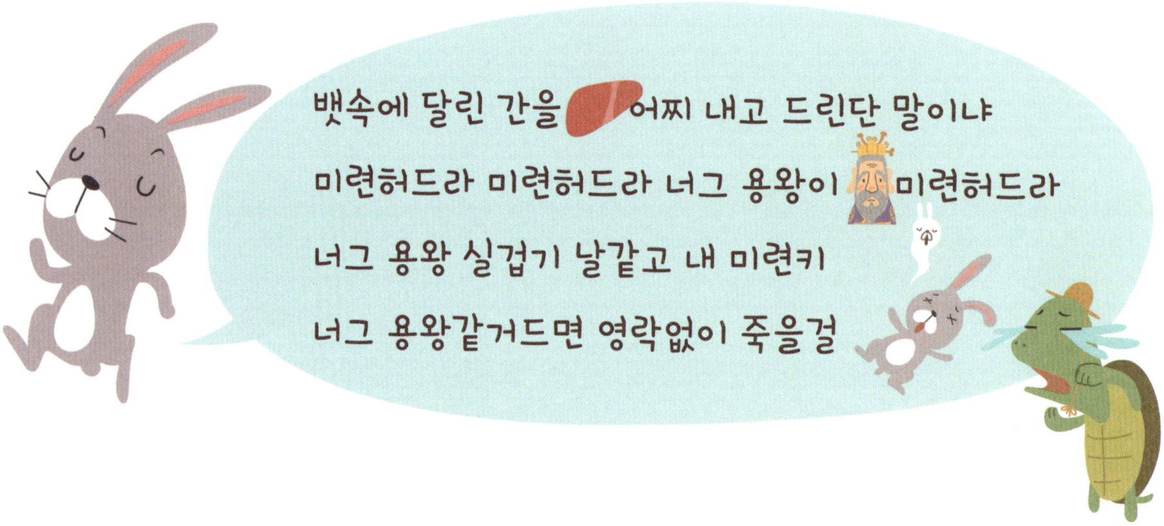

알쏭달쏭 바로알기

틀린 곳을 맞게 고쳐 쓰세요.

- ~~천궁~~은 바닷속 용궁입니다. (　　　　　)
- 별주부는 주부라는 벼슬을 한 ~~토끼~~입니다. (　　　　　)
- 수궁가는 토끼 타령 또는 ~~별그대~~ 타령이라고도 부릅니다. (　　　　　)

역사 용어 정리하기

토끼와 별주부의 이야기를 노래한 판소리의 이름은 □□□ 입니다.

탈놀이

탈을 쓰고 춤을 추며 연극하는 민속놀이입니다

원시 시대에는 사냥을 하거나 적을 겁주려고 탈을 썼어요.
그러던 것이 점차 놀이로 발전해 왔지요.
조선 후기에는 대표적인 서민 문화로 자리 잡았어요.
양반과 승려 등 지배자를 풍자하고 서민의 생활을 솔직히 드러내지요.
지역에 따라 탈춤, 산대놀이, 오광대놀이, 별신굿놀이로 불려요.

말뚝이

양반들

알쏭달쏭 바로알기

틀린 곳을 맞게 고쳐 쓰세요.

- 탈놀이는 조선 ~~전기~~ 대표적인 서민 문화입니다. (　　　　　)
- 탈놀이는 ~~왕실~~의 생활을 솔직히 드러냅니다. (　　　　　)
- 탈놀이는 ~~탈극~~ 또는 산대놀이라고도 부릅니다. (　　　　　)

역사 용어 정리하기

□□□는 탈을 쓰고 춤을 추며 연극하는 민속놀이입니다.

산대놀이

우리나라 중부 지방의 전통 탈놀이입니다

산대놀이는 원래 궁중에서 중국 사신을 맞아 공연하던 가면극이에요.
산대는 임시 무대를 말하는데, 무대가 산처럼 높아서 부른 이름이었지요.
점차 서민의 탈놀이로 바뀌면서 산대는 사라졌어요.
조선 후기에 산대놀이는 송파장 같은 큰 장터에서 열렸어요.
송파 산대놀이, 양주 별산대놀이 등이 있어요.

알쏭달쏭 바로알기

내용이 맞으면 ○표, 틀리면 X표를 하세요.

- 산대는 임시 무대를 이르는 말입니다. (　　)
- 산대놀이는 원래 절에서 공연하던 가면극입니다. (　　)
- 조선 후기에 산대놀이는 송파장 같은 큰 장터에서 열렸습니다. (　　)

역사 용어 정리하기

□□□□는 우리나라 중부 지방의 전통 탈놀이입니다.

사설시조

일반 시조보다 글자 수가 많은 시조입니다

사설시조는 주로 조선 후기에 서민이 즐겨 불렀어요.
양반이 즐기던 평시조에서 나왔지만 글자 수에 얽매이지 않고
사설을 길게 늘였지요. 사설이란 늘어놓는 말이나 이야기를 말해요.
서민들은 하고 싶은 말을 맘껏 사설시조에 담아 노래했어요.
남녀 간의 사랑을 솔직하게 노래하기도 하고, 양반을 통쾌하게 비꼬기도 했어요.

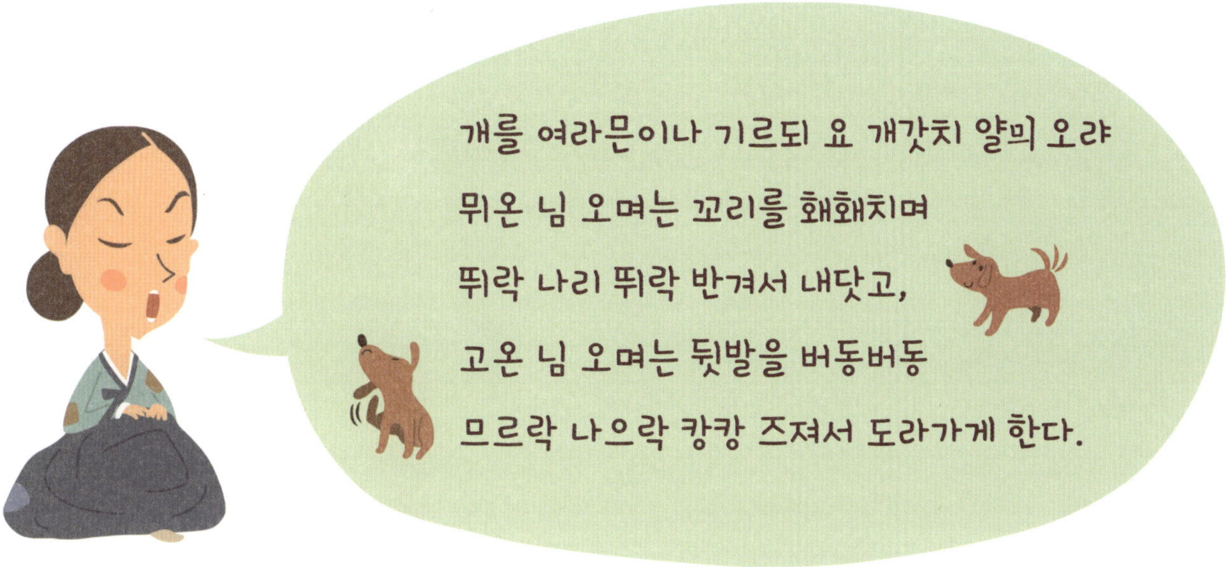

알쏭달쏭 바로알기

틀린 곳을 맞게 고쳐 쓰세요.

- 사설시조는 조선 전기에 나타났습니다. (　　　　　)
- 사설시조는 주로 양반이 즐겨 불렀습니다. (　　　　　)
- 평시조는 글자 수에 얽매이지 않았습니다. (　　　　　)

역사용어 정리하기

□□□□는 일반 시조보다 글자 수가 많은 시조입니다.

한글 소설

조선 후기에 유행한 한글 이야기책입니다

말 그대로 한글로 쓴 이야기라는 뜻이에요. 이 당시에 소설이란 말은 사람들 사이에 떠도는 이야기나 가벼운 글을 가리켰어요. 지은이의 이름이 전하지 않는 경우가 많지요. 대개는 착한 일을 권하고 악한 짓을 벌준다는 주제를 담고 있어요. 《춘향전》, 《심청전》, 《흥부전》, 《홍길동전》, 《장화홍련전》 등이 있어요.

알쏭달쏭 바로알기

틀린 곳을 맞게 고쳐 쓰세요.

- 한글 소설은 ~~한문~~ 이야기책입니다. (   )
- 한글 소설은 ~~고려~~ 후기에 유행했습니다. (   )
- 《춘향전》, 《~~심봉사전~~》, 《흥부전》 등이 있습니다. (   )

역사 용어 정리하기

□□ □□은 조선 후기에 유행한 한글 이야기책을 말합니다.

세책점

조선 후기에 생긴 도서 대여점입니다

세(세貰)를 받고 책(책冊)을 빌려주는 가게(점店)라는 뜻이에요.
조선 후기에 한글 소설 열풍이 불면서 생겨났어요.
주인들은 소설 작가에게 돈을 주고 책을 산 다음,
여러 벌 베껴 써서 다시 독자들에게 돈을 받고 빌려 주었어요.
아녀자들이 줄을 설 정도로 세책점은 장사가 쏠쏠했답니다.

알쏭달쏭 바로알기

두 단어 중 맞는 것에 ○표 하세요.

- 세책점은 (옷, 책)을 빌려 주는 가게입니다.
- (한글, 한문) 소설 열풍으로 세책점이 생겨났습니다.
- (남정네, 아녀자)들이 줄을 설 정도로 장사가 쏠쏠했습니다.

역사 용어 정리하기

□□□은 조선 후기에 생긴 도서 대여점입니다.

전기수

소설을 읽어 주는 전문 이야기꾼을 일컫는 말입니다

전할 전(傳), 기이할 기(奇), 늙은이 수(叟),
기이한 이야기를 전하는 노인이라는 뜻이에요.
당시 소설을 읽어 주던 사람을 가리키는 말이지요.
전기수는 지금의 동화 구연가처럼 실감나게 이야기했어요.
중요한 대목에 이르면 입을 꾹 다물었는데,
구경꾼들은 다음 대목이 궁금해
자연스럽게 돈을 내놓았다지요.

알쏭달쏭 바로알기

틀린 곳을 맞게 고쳐 쓰세요.

- 전기수는 전문 ~~노래꾼~~입니다. (　　　　　　)
- 전기수는 ~~사설시조~~를(을) 읽어 주던 사람입니다. (　　　　　　)
- 전기수는 소설을 읽어 주고 ~~책~~을 받았습니다. (　　　　　　)

역사 용어 정리하기

소설을 읽어 주는 전문 이야기꾼을 □□□라고 부릅니다.

홍길동전

홍길동의 활약을 담은 최초의 한글 소설입니다

《홍길동전》은 최초의 한글 소설로 허균이 지었답니다.
홍길동은 첩의 자식이어서 차별과 천대를 받았어요.
제아무리 재주가 뛰어나도 아무 소용이 없었지요.
이에 스스로 의로운 도적이 되기로 결심합니다.
의적 홍길동은 못된 관리를 혼내고 불쌍한 백성을 도와요.
결국에는 무인도로 건너가 새로운 나라를 세우지요.

알쏭달쏭 바로알기

틀린 곳을 맞게 고쳐 쓰세요.

- 홍길동은 스스로 의로운 장군이 되었습니다. (　　　　　)
- 《홍길동전》은 최초의 한문 소설입니다. (　　　　　)
- 《홍길동전》은 허연이 지었습니다. (　　　　　)

역사 용어 정리하기

홍길동의 활약을 담은 최초의 한글 소설은 《□□□□》입니다.

백자

조선 시대에 널리 쓰인 흰 빛깔의 도자기입니다

흰 백(白), 자기 자(磁), 흰 빛깔의 자기라는 뜻이에요.
순백색의 바탕흙 위에 투명한 유약을 발라 구워 만들어요.
깨끗하고 담백한 아름다움이 검소와 절제를 중요시한
조선 사대부의 취향과 딱 맞았어요.
조선 전기에는 백자에 앞서 분청사기가
유행했는데, 청자에 하얀색 흙을
발라 구운 자기였어요.

흰 백

알쏭달쏭 바로알기

내용이 맞으면 ○표, 틀리면 X표를 하세요.

- 백자(白磁)의 한자는 검은 백, 자기 자입니다. (　　)
- 백자는 깨끗하고 화려한 아름다움이 특징입니다. (　　)
- 조선 전기에는 백자에 앞서 분청사기가 유행했습니다. (　　)

역사 용어 정리하기

□□는 조선 시대에 널리 쓰인 흰 빛깔의 도자기입니다.

청화 백자

청화 물감으로 그림을 그려 넣은 백자입니다

푸를 청(靑), 빛 화(華), 청화는 푸른색 물감을 말하며 코발트로 만듭니다. 청화 물감으로 그림을 그려 넣은 백자를 청화 백자라고 하지요. 흰 바탕에 청화 물감으로 나무, 풀, 꽃, 새 등을 그려 넣어요. 조선 후기에 국내 코발트 광산이 개발되면서 청화 백자가 널리 유행했어요. 꽃병, 연적, 술병, 필통 같은 생활용품도 청화 백자로 만들었답니다.

푸를 청　빛 화

알쏭달쏭 바로알기

틀린 곳을 맞게 고쳐 쓰세요.

- 청화 백자는 ~~청자~~입니다. (　　　　　)
- 청화는 ~~붉은색~~ 물감입니다. (　　　　　)
- 조선 ~~전기~~에 청화 백자가 널리 유행했습니다. (　　　　　)

역사 용어 정리하기

□□ □□는 청화 물감으로 그림을 그려 넣은 백자입니다.

옹기

진흙으로 만든 그릇입니다

옹(甕,瓮)은 '독'이라는 우리말의 한자어예요.
진흙으로 만든 옹기로는 질그릇과 오지그릇이 있어요.
질그릇은 진흙으로만 빚고 구워 윤기가 없지만
오지그릇은 질그릇에 잿물을 입혀 윤기가 나지요.
가정에서 쓰는 옹기로는 독, 항아리, 뚝배기 등이 있어요.
옹기는 값이 싸서 서민이 즐겨 썼어요.

알쏭달쏭 바로알기

틀린 곳을 맞게 고쳐 쓰세요.

- 옹기는 질그릇과 ~~사기그릇~~이 있습니다. (　　　　)
- 옹기에는 독, ~~소쿠리~~, 뚝배기 등이 있습니다. (　　　　)
- 옹기는 값이 싸서 ~~양반~~이 즐겨 썼습니다. (　　　　)

역사 용어 정리하기

진흙으로 만든 그릇을 □□라고 합니다.

떡살

떡을 눌러 무늬를 만들어 내는 도구입니다

떡에 갖가지 무늬를 찍어 내는 도구예요.
떡본 또는 떡손이라고도 하지요.
박달나무, 참나무 등 단단한 나무의 편편한 면에 무늬를 새겼어요.
쌀로 만든 떡이 식기 전에 도장을 찍듯이 누릅니다.
떡살 무늬는 모란무늬, 빗살무늬, 태극무늬 등 다양해요.
좋은 일, 궂은 일, 돌, 회갑 등 용도에 따라 사용했어요.

알쏭달쏭 바로알기

두 단어 중 맞는 것에 ○표 하세요.

- 떡살은 (떡, 빵)에 무늬를 찍는 도구입니다.
- 떡살은 (떡보, 떡본) 또는 떡손이라고도 합니다.
- 떡살 무늬는 (용도, 날씨)에 따라 알맞게 사용했습니다.

역사 용어 정리하기

□□은 떡을 눌러 무늬를 만들어 내는 도구입니다.

조각보

헝겊 여러 조각을 잇대어 만든 보자기입니다

쓰다 남은 가지각색의 천 조각을 이어서 만들었어요.
보잘것없는 자투리 천을 모아 새로운 작품을 만든 거지요.
세련되면서도 색색이 조화를 이루어 예술적 가치도 높답니다.
보자기는 복을 싸 둔다는 의미에서 복이라고도 불렀는데,
공을 많이 들여야 하는 조각보를 만들면서 복이 깃들기를 빌었어요.

조선의 모시 조각보

서양 화가 몬드리안의 그림

알쏭달쏭 바로알기

틀린 곳을 맞게 고쳐 쓰세요.

- 조각보는 소쿠리입니다. (　　　　　)
- 조각도는 자투리 천 조각을 이어 만듭니다. (　　　　　)
- 조각보는 세련되어 교훈적 가치가 높습니다. (　　　　　)

역사 용어 정리하기

헝겊 여러 조각을 잇대어 만든 보자기를 □□□라고 합니다.

민화

서민 사이에서 유행한 실용적인 그림입니다

주로 이름 없는 서민 화가나 떠돌이 화가가 그렸어요.
나쁜 기운을 몰아내고 복을 불러들이는 내용이나
오래오래 행복하게 살고자 하는 서민의 바람을 담았지요.
알록달록 화려한 색채와 파격적인 구성이 특징이에요.
조선 후기에 서민들은 민화를 사서 집이나 방 안을 장식했답니다.

알쏭달쏭 바로알기

틀린 곳을 맞게 고쳐 쓰세요.

- 민화는 실용적인 ~~소설~~입니다. (　　　　　)
- 서민들은 ~~만화~~로 집이나 방 안을 장식했습니다. (　　　　　)
- ~~고려~~ 후기에 서민 민화가 유행했습니다. (　　　　　)

역사용어 정리하기

서민 사이에서 유행한 실용적인 그림을 □□라고 합니다.

작호도

까치와 호랑이를 그린 민화입니다

작(鵲)은 까치, 호(虎)는 호랑이입니다.
작호도는 재앙은 쫓고, 행운은 들어오기를 바라며 그렸어요.
예로부터 까치는 좋은 소식을 전하는 동물로, 호랑이는 나쁜 귀신을 쫓는 신성한 동물로 여겼거든요.
집안에 재앙이 들어오지 못하게 새해 첫날 대문에 붙였답니다.
무서운 호랑이 모습에 바보스럽고 익살스러운 표정을 더해, 보는 사람의 웃음을 자아내게 한답니다.

鵲 까치 작

虎 호랑이 호

알쏭달쏭 바로알기

내용이 맞으면 ○표, 틀리면 X표를 하세요.

- 한자로 '작'은 까마귀를, '호'는 호랑이를 뜻합니다. (　　)
- 까치는 나쁜 귀신을 쫓는 동물로 여겼습니다. (　　)
- 작호도는 새해 첫날 대문에 붙였습니다. (　　)

역사 용어 정리하기

□□□는 까치와 호랑이를 그린 민화입니다.

화조도

꽃과 새를 그린 민화입니다

화(花)는 꽃을, 조(鳥)는 새를 뜻합니다.
화조도는 주로 꽃과 함께 의좋게 노니는 새 한 쌍을 그린답니다.
그림 속의 새처럼 부부가 화목하고 행복하게 살기를 바라면서요.
대개 신혼부부 방이나 안방에 병풍 그림으로 놓았답니다.
부부 방을 장식하는 그림으로는 물고기 그림도 있는데,
물고기처럼 아이를 많이 낳고 행복하게 살라는 뜻이지요.

알쏭달쏭 바로알기

틀린 곳을 맞게 고쳐 쓰세요.

- 화조는 한자로 불과 새를 뜻합니다. (　　　　　)
- 화조도에는 대개 꽃과 신발 한 쌍이 그려져 있습니다. (　　　　　)
- 대개 신혼부부 방을 작호도로 꾸몄습니다. (　　　　　)

역사 용어 정리하기

□□□는 꽃과 새를 그린 민화입니다.

문자도

유교 도덕을 강조한 문자를 그린 민화입니다

보통 유교의 윤리 도덕을 강조한 한자 여덟 글자를 씁니다.
효(孝)·제(悌)·충(忠)·신(信)·예(禮)·의(義)·염(廉)·치(恥)입니다.
효도·우애·충절·신의·예절·의리·청렴·부끄러움을 뜻하지요.
한 글자마다 관련된 고사나 설화의 소재를 그림으로 꾸며 넣습니다.
문자의 뜻이 그림 덕분에 더욱 의미 있게 되는 거지요.

알쏭달쏭 바로알기

틀린 곳을 맞게 고쳐 쓰세요.

- 문자도는 ~~불교~~ 도덕을 강조한 문자를 썼습니다. (　　　　　　)
- 문자도의 문자 '효(孝)'는 효도, '제(悌)'는 ~~충절~~을(를) 뜻합니다. (　　　　　　)
- 문자도는 보통 ~~한글~~을(를) 그림으로 그렸습니다. (　　　　　　)

역사 용어 정리하기

□□□는 유교 도덕을 강조한 문자를 그린 민화입니다.

백수백복도

장수와 복을 바라는 문자도입니다

일백 백(百), 오래 살 수(壽), 일백 백(百), 복 복(福),
백수는 오래오래 살라는 뜻이고, 백복은 만복을 받으라는 뜻입니다.
백수백복도는 수(壽) 자와 복(福) 자를 다양한 모양으로 반복해 그렸어요.
왕실이나 양반가에서는 여러 색깔의 실로 자수를 놓기도 했답니다.
대개 돌잔치나 회갑 잔치 때 장식 병풍으로 사용했어요.

알쏭달쏭 바로알기

두 단어 중 맞는 것에 ○표 하세요.

- 백수는 (짧게, 오래) 살라는 뜻입니다.
- 백복은 (만복, 의복)을 받으라는 뜻입니다.
- 백수백복도는 (돌잔치, 추석)에 병풍으로 사용했습니다.

역사 용어 정리하기

□□□□□는 장수와 복을 바라는 문자도입니다.

도화서

조선 시대에 그림 그리는 일을 맡아보던 관청입니다

그림 도(圖), 그림 화(畵), 관청 서(署),
말 그대로 그림에 관한 모든 일을 담당하는 관청이에요.
도화서에 속하여 그림 그리는 전문 화가를 화원이라고 해요.
화원들은 나라와 궁궐에 필요한 그림을 도맡았어요.
왕의 초상부터 의궤 그림, 장식용 민화 그림, 풍속화까지 모두 그렸답니다.

알쏭달쏭 바로알기

틀린 곳을 맞게 고쳐 쓰세요.

- 도화서는 ~~음식~~에 관한 모든 일을 담당합니다. (   )
- 도화서에 속한 전문 화가를 ~~화랑~~이라고 합니다. (   )
- 화원들은 나라와 ~~민가~~에 필요한 그림을 그렸습니다. (   )

역사 용어 정리하기

조선 시대에 그림 그리는 일을 맡아보던 관청을 □□□라고 합니다.

풍속화

사람들의 일상생활 모습을 그린 그림입니다

풍속이란 전해 내려오는 생활 습관이나 세태를 말합니다.
조선 시대에는 왕에게 보고용으로 풍속화를 많이 올렸습니다.
누에 치고 농사짓는 모습 등 백성의 평범한 생활 모습이지요.
조선 후기에는 색다른 서민 풍속화가 유행했습니다.
이전과는 달리 서민의 모습을 솔직하고 자유롭게 그렸어요.
서민이 그림의 주인공으로 올라선 것이지요.

알쏭달쏭 바로알기

틀린 곳을 맞게 고쳐 쓰세요.

- 전해 내려오는 생활 습관이나 세태를 ~~풍파~~(이)라고 합니다. (   )
- 조선 ~~전기~~에는 서민 풍속화가 유행했습니다. (   )
- 조선 후기 풍속화에서는 ~~왕~~이 주인공입니다. (   )

역사 용어 정리하기

사람들의 일상생활 모습을 그린 그림을 ☐☐☐라고 합니다.

김홍도

서민의 삶을 그린 조선 후기 풍속화가입니다

호는 단원이고, 도화서 화원으로 모든 그림에 뛰어났어요. 정조의 총애를 받아 국가 행사 기록화를 도맡아 그렸지요. 서민의 소박한 생활 모습을 담은 풍속화도 많이 그렸는데, 특히 서민의 표정이나 행동을 잘 잡아 표현했어요. 배경 없이 선만으로 사실적이고 익살스럽게 그렸답니다. 대표작으로 〈밭갈이〉, 〈추수〉, 〈집짓기〉, 〈대장간〉, 〈서당〉 등이 있어요.

알쏭달쏭 바로알기

내용이 맞으면 ○표, 틀리면 X표를 하세요.

- 김홍도의 호는 단재이고, 도화서 화원입니다. (　　)
- 김홍도는 양반의 소박한 생활 모습을 그렸습니다. (　　)
- 김홍도의 풍속화는 사실적이고 익살스럽습니다. (　　)

역사 용어 정리하기

□□□는 서민의 삶을 그린 조선 후기 풍속화가입니다.

신윤복

양반과 여성을 주로 그린 조선 후기 풍속화가입니다

김홍도와 더불어 손꼽히는 조선 시대 풍속화가입니다.
호는 혜원이고, 도화서 화원이었다는 기록만이 전하고 있어요.
김홍도와 달리 주로 도시 양반과 기생을 소재로 하여, 양반의 풍류나 남녀 간의 애정을 그린 그림이 많아요.
산수를 배경으로 섬세하고 세련된 붓놀림, 아름다운 채색을 적절히 사용했어요.

알쏭달쏭 바로알기

틀린 곳을 맞게 고쳐 쓰세요.

- 신윤복의 호는 ~~단원~~입니다. (   )
- 도시 ~~서민~~과 기생을 주로 그렸습니다. (   )
- 김홍도와 더불어 손꼽히는 ~~산수화가~~입니다. (   )

역사 용어 정리하기

□□□은 양반과 여성을 주로 그린 조선 후기 풍속화가입니다.

실학
중농학파
유형원
이익
중상학파
박지원
열하일기
허생전
박제가
홍대용
정약용
경세유표
목민심서

4

실학과 사회 개혁

다산 초당
국학
발해고
산경표
언문지
자산어보
김정호
대동여지도
세도 정치
홍경래의 난
삼정 문란
탐관오리
암행어사
진주 농민 봉기

실학

조선 후기에 새로 나타난 사회 개혁 사상입니다

참될 실(實), 학문 학(學), 실제로 소용되는 참된 학문이라는 뜻이에요. 조선 밖의 세상은 빠르게 변하고, 백성의 삶은 점점 어려워지고 있었어요. 하지만 성리학은 이전의 명분과 예법에만 매달려 있었지요. 이런 성리학을 반성하며 새로운 학문의 바람, 실학이 일어났어요. 실학자들은 모름지기 학문이란 백성의 실생활에 쓸모가 있어야 한다고 주장했고, 백성이 잘사는 나라를 만들고자 여러 개혁 방안을 내놓았지요.

알쏭달쏭 바로알기

틀린 곳을 맞게 고쳐 쓰세요.

- 실학은 조선 ~~전기~~에 나타났습니다. (　　　　　)
- 조선 후기 ~~실학~~은 명분과 예법만 중요하게 여겼습니다. (　　　　　)
- 실학은 ~~왕~~이 잘사는 나라를 만들고자 했습니다. (　　　　　)

역사 용어 정리하기

조선 후기에 새로 나타난 사회 개혁 사상을 □□이라고 합니다.

중농학파

농업 개혁을 중요하게 여긴 실학자들입니다

농업(농農)을 중요하게(중重) 여겨
중농학파라고 해요.
중농학파는 농업을 나라와 백성의 근본이
되는 산업이라고 보았어요.
조선 후기에는 점점 양반이 땅을
독차지하고, 직접 농사짓는 백성은
땅을 잃고 가난해졌어요.
중농학파는 농사짓는 백성이 땅을 가져야
한다고 주장했어요.
유형원, 이익, 정약용 등이
중농학파랍니다.

알쏭달쏭 바로알기

틀린 곳을 맞게 고쳐 쓰세요.

- 중농학파는 상업을 중요하게 여겼습니다. (   )
- 중상학파는 농업을 백성의 근본으로 보았습니다. (   )
- 조선 후기에는 점점 노비가(이) 땅을 독차지했습니다. (   )

역사 용어 정리하기

농업 개혁을 중요하게 여긴 실학자들을 □□□□라고 합니다.

유형원

균전론을 주장한 실학의 선구자입니다

호는 반계입니다. 실학을 처음으로 전체적으로 정리해 실학의 선구자라고 하지요. 벼슬을 멀리하고 농촌으로 내려가 살면서 국가 개혁서인 《반계수록》을 썼어요. 유형원은 토지 제도를 가장 중요하게 보고 균전론을 제시했어요. 균전은 고를 균(均), 밭 전(田), 땅을 고르게 한다는 뜻이에요. 모든 땅을 나라에서 거둔 뒤 농민에게 골고루 나눠 주자는 주장이랍니다.

알쏭달쏭 바로알기

두 단어 중 맞는 것에 ○표 하세요.

- 유형원의 호는 (반구, 반계)입니다.
- 유형원은 (《반계기록》, 《반계수록》)을 지었습니다.
- 토지 제도 개혁안으로 (균전론, 한전론)을 제시했습니다.

역사 용어 정리하기

균전론을 주장한 실학의 선구자는 □□□입니다.

이익

한전론을 주장하고 성호학파를 이룬 실학자입니다

호는 성호입니다.
몰락한 집안에서 태어나
농촌에서 살면서 직접 농사를 지었어요.
백과사전인 《성호사설》을 지었는데,
주제만 총 3,007편이에요.
이익도 농업 개혁을 중요하게 여겨
한전론을 내놓았어요.
땅(전田)에 최소한의 한계(한限)를 두어
그 땅만큼은 팔지 못하게 하자는 거지요.
그러면 농민이 땅이 없어 떠도는 일은
없을 테니까요.
이익은 수많은 제자를 길러내
성호학파를 이루었답니다.

알쏭달쏭 바로알기

틀린 곳을 맞게 고쳐 쓰세요.

- 이익의 호는 성후입니다. (   )
- 이익은 백과사전인 《성호사전》을 지었습니다. (   )
- 토지 제도 개혁안으로 균전론을 제시했습니다. (   )

역사 용어 정리하기

한전론을 주장하고 성호학파를 이룬 실학자는 ☐☐입니다.

중상학파

상공업을 일으켜야 한다고 주장한 실학자들입니다

상공업과 기술 발달을 중요하게 여겨
중상학파라고 합니다.
중상학파는 상공업과 무역이 활발하게
이루어져야 나라가 튼튼해진다고
생각했어요.
특히 북쪽에 있는 청나라의
새로운 문물을 적극적으로 받아들여야
한다고 주장했기 때문에,
북학파라고도 부릅니다.
박지원, 박제가, 홍대용 등이
북학파랍니다.

알쏭달쏭 바로알기

틀린 곳을 맞게 고쳐 쓰세요.

- 중농학파는 상공업과 무역의 발달을 주장했습니다. (　　　　　)
- 중상학파는 북벌파라고도 부릅니다. (　　　　　)
- 북학은 북쪽인 원나라에서 배우자는 뜻입니다. (　　　　　)

역사 용어 정리하기

상공업을 일으켜야 한다고 주장한 실학자들을 □□□□라고 합니다.

박지원

북학파를 이끈 실학자로 호는 연암입니다

명분을 중요하게 여긴 노론 집안 출신이지만 앞장서서 북학을 일으켰어요. 청나라와 서양의 앞선 문화를 받아들여 조선을 새로 일으켜야 한다고 했지요. 당시 조선은 망한 명나라를 존중하고 청나라를 무시하는 명분론에 빠져 있었어요. 박지원은 그럴수록 조선이 홀로 떨어져 뒤쳐질 뿐이라고 생각했지요. 양반을 비판한 한문 소설 《허생전》, 《양반전》, 《호질》 등을 썼어요.

알쏭달쏭 바로알기

내용이 맞으면 ○표, 틀리면 X표를 하세요.

- 박지원은 소론 집안 출신입니다. (　　)
- 박지원은 앞장서서 북학을 일으켰습니다. (　　)
- 박지원은 일본의 앞선 문화를 받아들이자고 주장했습니다. (　　)

역사 용어 정리하기

□□□은 북학파를 이끈 실학자로 호가 연암입니다.

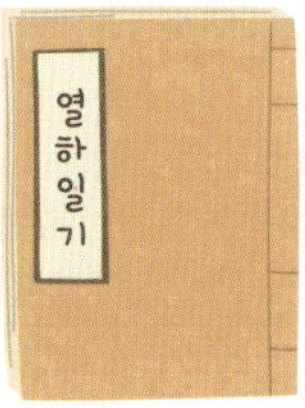

열하일기

박지원이 지은 청나라 기행문입니다

박지원은 청나라 황제의 생일을 축하하는 사신 일행으로 청나라를 다녀왔어요. 당시 청나라 황제는 여름 별궁이 있던 열하에 머물고 있었어요. 박지원은 열하까지 가고 오면서, 보고 들은 모든 것을 이 책에 담았어요. 수레, 벽돌, 화폐 사용 등 중국의 새로운 문물을 빠짐 없이 기록했지요. 이 책으로 조선에서는 북학의 바람이 일기 시작했답니다.

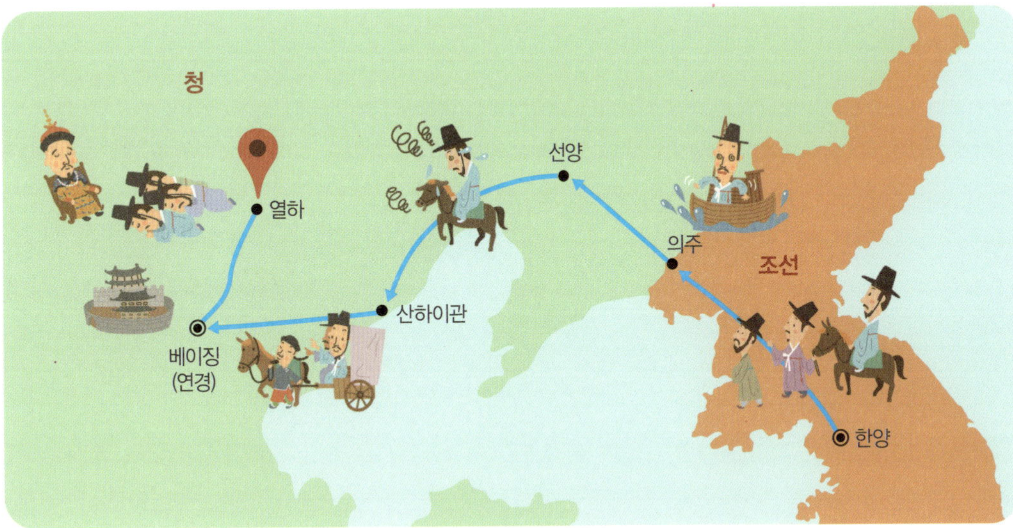

알쏭달쏭 바로알기

틀린 곳을 맞게 고쳐 쓰세요.

- ~~베이징~~은(는) 청나라 황제의 여름 별궁이 있던 곳입니다. (　　　　　)
- 박지원은 사신 일행으로 ~~일본~~에 다녀왔습니다. (　　　　　)
- 《열하일기》는 조선에서 ~~성리학~~의 바람을 일으켰습니다. (　　　　　)

역사 용어 정리하기

□□□□는 박지원이 지은 청나라 기행문입니다.

허생전

무능한 양반을 비판하는 박지원의 한문 소설입니다

남산골의 가난한 선비 허생은 책만 읽었어요. 아내의 잔소리에 공부를 접고 결국 장사를 해 큰돈을 벌었어요. 그러고는 도둑이 된 백성들을 무인도로 데려가 농사를 짓게 하고 일본과 무역을 했지요. 한양에 돌아와서는 청나라를 쳐야 한다는 장군에게 호통을 쳤어요. 우선은 나라를 정비하는 것이 중요하다고 생각했기 때문이에요. 박지원은 상업과 무역이 중요하고 양반이 무능하다는 걸 꼬집었던 거랍니다.

알쏭달쏭 바로알기

틀린 곳을 맞게 고쳐 쓰세요.

- 허생은 남산골에 사는 가난한 ~~농부~~입니다. (   )
- 허생은 ~~과거~~로 큰돈을 벌었습니다. (   )
- 《허생전》은 ~~한글~~ 소설입니다. (   )

역사 용어 정리하기

《□□□》은 무능한 양반을 비판하는 박지원의 한문 소설입니다.

박제가

절약보다 소비를 권장한 북학파 실학자입니다

박지원의 제자로, 서자이지만 정조 때 규장각 관리가 되었어요.
청나라에 가서 앞선 문물을 살피고 돌아와 《북학의》를 지었지요.
박제가는 상공업과 기술을 발전시키고, 청나라와 무역을 해야 한다고 했어요.
또 절약보다 소비를 권장했어요. 물건을 많이 써야 물건을 더 많이 만들고,
그럴수록 기술이 발전해 백성이 잘 살 수 있다고 했답니다.

재물은 샘과 같아 퍼내면 차고, 버려두면 말라 버린다.
비단옷을 입지 않으면 비단 짜는 기술이 사라지고,
쭈그러진 그릇만 쓰면 그릇 만드는 기술이 사라진다.
소비를 해야 기술이 발달하고 상업이 활발해진다.

박제가의 《북학의》 중에서

알쏭달쏭 바로알기

두 단어 중 맞는 것에 ○표 하세요.

- 박제가는 서자로 (도화서, 규장각) 관리가 되었습니다.
- 박제가는 (《북학의》, 《북학지》)를 지었습니다.
- 박제가는 절약보다 (소비, 화폐)를 권장했습니다.

역사 용어 정리하기

절약보다 소비를 권장한 북학파 실학자는 ☐☐☐ 입니다.

홍대용

지구가 둥글며 스스로 돈다고 주장한 북학파 실학자입니다

권력층 집안에서 태어났지만 북학, 특히 천문학에 관심이 많았어요.
《의산문답》은 홍대용이 지은 책으로 홍대용의 우주관이 잘 나타나 있어요.
홍대용은 지구가 둥글고, 하루에 한 바퀴씩 돈다고 주장했어요.
지구 또한 무한한 우주의 하나라며 무한 우주관도 말했지요.
우주가 이러하니 사람 또한 귀하니 천하니 말할 수 없으며,
중국 또한 세계의 중심이 아니라고 주장했답니다.

알쏭달쏭 바로알기

틀린 곳을 맞게 고쳐 쓰세요.

- 홍대용은 북벌파 실학자입니다. (　　　　　)
- 홍대용은 《의산괴담》을 지었습니다. (　　　　　)
- 홍대용은 지구가 한 달에 한 바퀴씩 돈다고 주장했습니다. (　　　　　)

역사용어 정리하기

지구가 둥글며 스스로 돈다고 주장한 북학파 실학자는 □□□ 입니다.

정약용

실학의 여러 사상을 완성한 실학자입니다

호는 다산, 여유당입니다.
정치, 경제뿐만 아니라 건축, 수학, 지리, 과학 등 여러 분야에 밝았어요.
서양의 과학 기술도 적극 받아들여 화성 건축 때는 거중기를 만들어 썼지요.
농업을 기본에 둔 개혁론을 펼쳤지만, 상공업 발달도 주장했답니다.
뒷사람들이 정약용이 쓴 책 500여 권을 묶어 《여유당전서》를 펴냈어요.
실학은 정약용에 이르러 완성되었답니다.

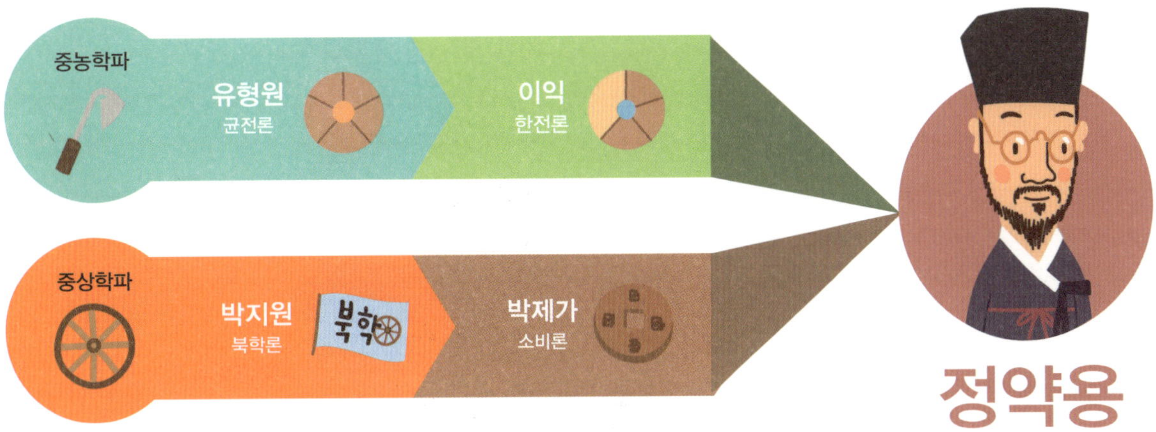

알쏭달쏭 바로알기

틀린 곳을 맞게 고쳐 쓰세요.

- 정약용의 호는 대산과 여유당입니다. (   )
- 정약용은 창덕궁 건축 때 거중기를 만들어 썼습니다. (   )
- 《여호당전서》는 정약용이 쓴 책을 묶어 낸 문집입니다. (   )

역사 용어 정리하기

실학의 여러 사상을 완성한 실학자는 □□□입니다.

경세유표

정약용이 제도 개혁에 관해 쓴 책입니다

경세는 '나라를 다스린다', 유표는 '죽기 전에 왕에게 올리는 글'이란 뜻이에요.
즉, 간곡히 왕에게 올리는 국가 개혁서라는 뜻이 되겠지요.
토지제, 세금제, 과거제 개혁과 상공업 진흥 등 모든 개혁을 다루고 있어요.
토지 개혁 방법으로는 여전론과 정전론을 주장했어요. 여전론은 공동으로 경작하고 공동으로 나누는 방식이에요. 정전론은 땅을 아홉 칸으로 나눠 여덟 칸은 각자 경작하고 가운데 땅은 공동으로 경작해 세금으로 내자는 방안이지요.

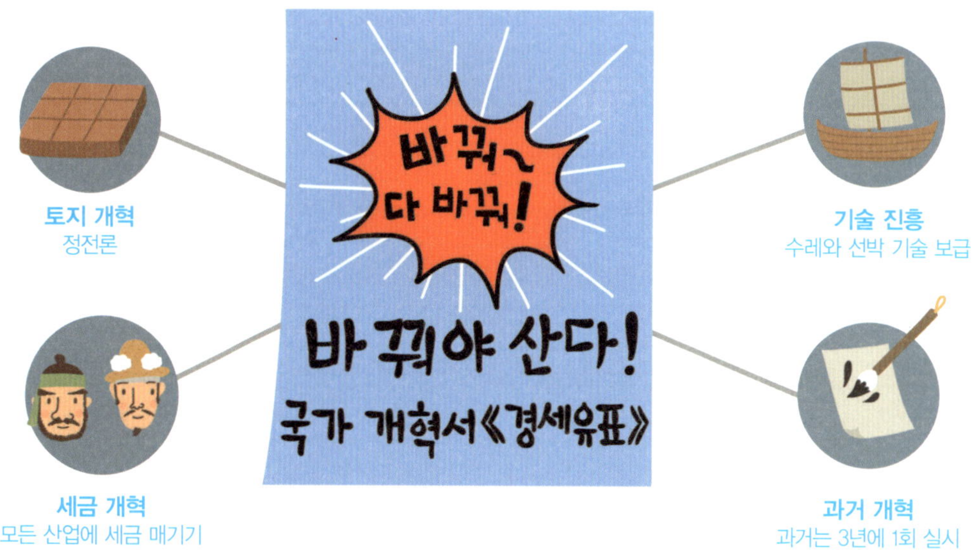

알쏭달쏭 바로알기

내용이 맞으면 ○표, 틀리면 X표를 하세요.

- 경세는 나라를 다스린다는 뜻입니다. (　　)
- 《경세유표》는 가정 개혁서입니다. (　　)
- 《경세유표》의 토지 개혁 방법은 여전론과 정전론입니다. (　　)

역사 용어 정리하기

《□□□□》는 정약용이 제도 개혁에 관해 쓴 책입니다.

목민심서

수령이 지켜야 할 도리에 대해 정약용이 쓴 책입니다

목민은 백성(민民)을 다스린다(목牧)는 뜻이에요. 그래서 지역에서 백성을 직접 다스리는 수령을 목민관이라고 하지요. 심서는 마음가짐과 도리에 대한 책이라는 뜻이지요. 정약용은 수령이 지방에 와서 물러날 때까지 어찌해야 하는지를 자세히 적었어요. 또한 당시 벌어지던 관리의 횡포와 부정부패를 자세히 밝혀 놓아, 수령들이 이를 경계하라고 따끔하게 충고했어요.

알쏭달쏭 바로알기

틀린 곳을 맞게 고쳐 쓰세요.

- 목민이란 ~~가축~~을 다스린다는 뜻입니다. (   )
- 백성을 직접 다스리는 수령을 ~~목민령~~이라고 합니다. (   )
- 《목민심서》는 ~~정약전~~이 지었습니다. (   )

역사 용어 정리하기

정약용이 수령이 지켜야 할 도리에 대해 쓴 책은 《□□□□》입니다.

다산 초당

정약용이 강진에서 귀양살이를 할 때 살던 초가집입니다

전라남도 강진군 도암면 만덕산을 오르는 산길에 있습니다.
만덕산은 차밭이 많아 다산이라고도 불렀는데, 정약용이 이를 호로 삼았지요.
초당은 초가집이라는 뜻인데 현대에 다시 지으면서 기와를 이었어요.
정약용은 천주교 박해 때 유배를 당해 강진으로 귀양 왔어요.
그중 11년을 다산 초당에서 귀양살이를 했지요.
이때 제자 18명을 가르치고 500여 권의 책을 썼답니다.

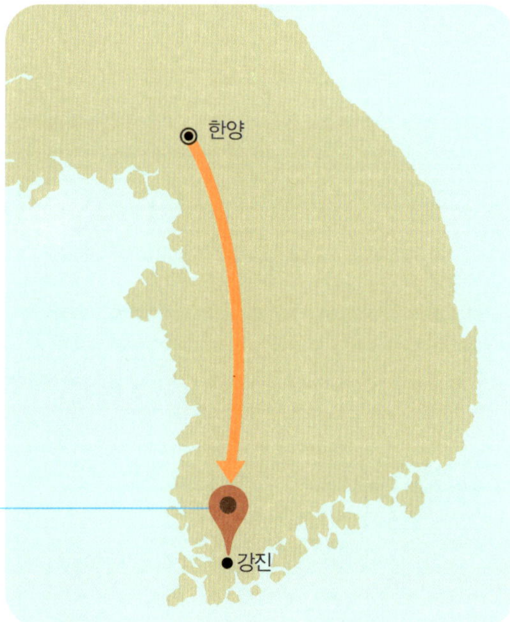

알쏭달쏭 바로알기

틀린 곳을 맞게 고쳐 쓰세요.

- 다산은 파밭이 많은 산이라는 뜻입니다. (   )
- 초당은 기와집이라는 뜻입니다. (   )
- 정약용은 다산 초당에서 처가살이를 했습니다. (   )

역사 용어 정리하기

□□ □□은 정약용이 강진에서 귀양살이를 할 때 살던 초가집입니다.

국학

우리의 것을 우리의 눈으로 보자는 학문입니다

실학자들은 실제 세계가 훨씬 더 크고 중국이 중심이 아니라는 것을 알게 되었어요. 우리나라 조선에 대한 관심도 자연스럽게 커졌지요. 조선의 말과 글, 역사, 지리 등등 우리 것에 대한 연구가 시작되었어요. 우리말을 다룬 《훈민정음운해》, 발해 역사책 《발해고》 등 여러 책들이 나왔어요. 국학은 조선의 정체성을 일깨웠고, 민족의식과 민족에 대한 자각을 높였답니다.

알쏭달쏭 바로알기

두 단어 중 맞는 것에 ○표 하세요.

- 실학자들은 (조선, 중국) 중심의 생각에서 벗어났습니다.
- 실학자들은 (중국, 조선)의 말과 글, 지리 등을 연구했습니다.
- (국학, 서학)은 조선의 정체성과 민족의식을 일깨웠습니다.

역사 용어 정리하기

우리의 것을 우리의 눈으로 보자는 학문을 ☐☐이라고 합니다.

발해고

실학자 유득공이 발해 역사를 쓴 책입니다

유득공은 서자 출신으로 규장각 관리가 되었어요. 우리 역사에 관심이 많았는데, 중국 여행에서 고구려와 발해의 땅을 직접 보고는 《발해고》를 지었지요. 유득공은 발해를 우리 역사로 보았고, 우리 역사의 무대는 고구려와 발해가 차지했던 중국 동북부까지라고 했어요. 또 통일 신라와 발해를 일컬어 남북국이라 불렀어요. 스스로 아직 정리가 부족하다며 '발해사' 대신 '발해고'라고 제목을 붙였답니다.

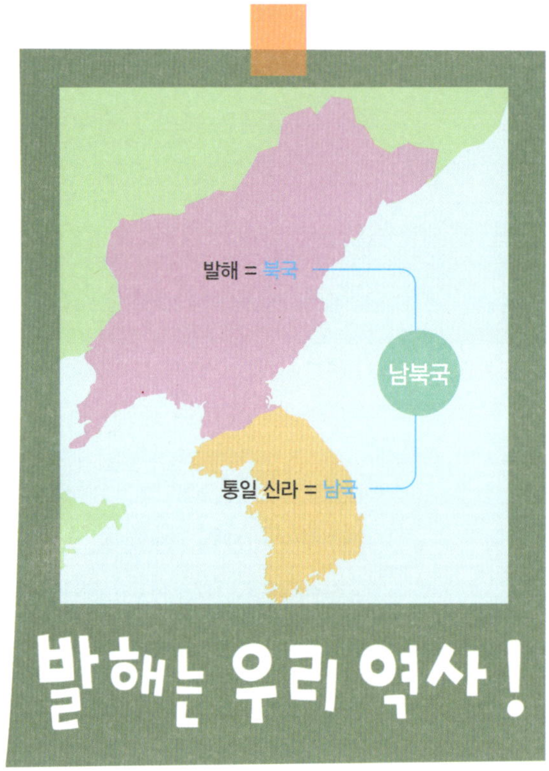

알쏭달쏭 바로알기

틀린 곳을 맞게 고쳐 쓰세요.

- 《발해고》는 ~~고구려~~의 역사를 다룬 책입니다. (　　　　　)
- 유득공은 발해를 ~~중국~~ 역사로 보았습니다. (　　　　　)
- 유득공은 통일 신라와 발해를 ~~동서국~~이라고 불렀습니다. (　　　　　)

역사 용어 정리하기

실학자 유득공이 발해 역사를 쓴 책은 《□□□》입니다.

산경표

실학자 신경준이 조선의 산줄기를 도표로 정리한 지리책입니다

산(산山)이 지나는 길(경經)을 나타낸 도표(표表)라는 뜻이에요. 우리나라 산이 시작하고 흐르고 끝나는 지점을 도표로 나타내고 있지요. 신경준은 백두산으로부터 지리산에 이르는 기둥 줄기를 백두 대간이라 하고, 기둥 줄기에서 뻗어 나간 곁줄기를 정간과 정맥으로 분류해 이름을 붙였어요. 그리하여 우리나라 산줄기를 1대간 1정간 13정맥으로 체계화했지요. 《산경표》를 바탕으로 산줄기를 그린 그림 지도를 산경도라고 해요.

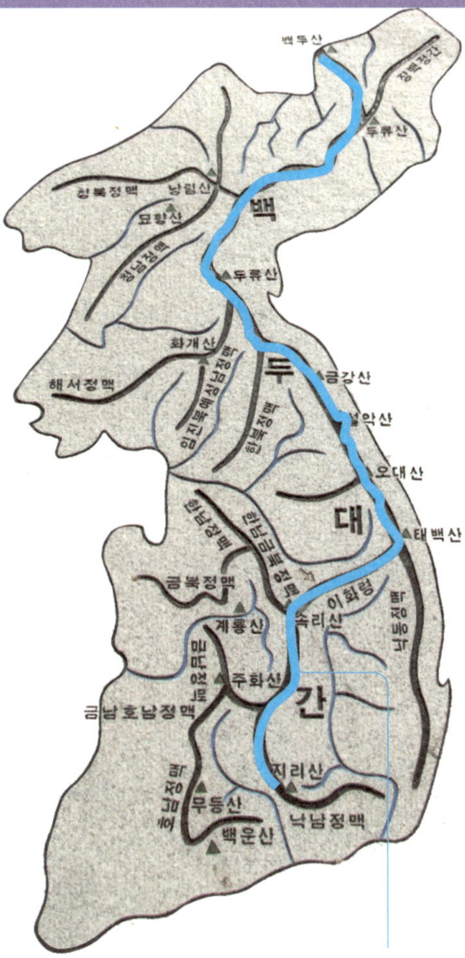

알쏭달쏭 바로알기

틀린 곳을 맞게 고쳐 쓰세요.

- 《산경표》란 강이 지나는 길을 나타낸 도표입니다. (   )
- 《산경표》에서 우리나라의 기둥 줄기는 백두 정간입니다. (   )
- 백두 대간은 백두산에서 한라산에 이르는 산맥입니다. (   )

역사 용어 정리하기

《□□□》는 실학자 신경준이 조선의 산줄기를 도표로 정리한 지리책입니다.

언문지

실학자 유희가 한글을 연구해 지은 책입니다

조선 후기까지 한글은 여자들이 쓰는 암글이니,
신분이 낮은 사람들이 쓰는 언문(諺文)이니 하며 천하게 여겨졌어요.
유희는 우리글과 말인 한글을 연구하기 시작했어요.
입에서 나오는 소리를 모두 적을 수 있도록 한글의 자모음을 바로잡았어요.
이 과정에서 뜻글자인 한자와 달리 소리글자인 한글의 우수성을 밝혀냈지요.
《언문지》는 조선 후기 국어 연구에서 가장 뛰어난 업적으로 평가 받아요.

알쏭달쏭 바로알기

내용이 맞으면 ○표, 틀리면 X표를 하세요.

- 한글은 암글 또는 언문이라고 불렸습니다. ( )
- 한글은 대개 선비나 아이들이 배웠습니다. ( )
- 한자는 소리글자이고, 한글은 뜻글자입니다. ( )

역사 용어 정리하기

《□□□》는 실학자 유희가 한글을 연구해 지은 책입니다.

자산어보

정약전이 지은 해양 과학책입니다

정약전은 정약용의 형으로, 천주교를 믿은 탓에 흑산도로 귀양을 갔어요. 귀양살이 동안 흑산도 바다에 사는 물고기를 연구해 《자산어보》를 지었지요. 어류와 바다짐승, 해초 155종을 종류별로 나누어 정리했어요. 약으로 쓰일 때의 효과와 쓰임새까지 기록해 생활에 도움이 되도록 했지요. 자산은 흑산도를 뜻하는데 정약전은 흑(黑)이라는 말이 음침하다 여겨 검다는 뜻의 한자 자(玆)를 썼어요. 어보는 물고기 계보란 뜻이지요.

알쏭달쏭 바로알기

틀린 곳을 맞게 고쳐 쓰세요.

- 자산은 ~~백산도~~를 뜻합니다. (　　　　　　)
- 어보는 ~~산짐승~~ 계보란 뜻입니다. (　　　　　　)
- 《자산어보》는 ~~정약용~~이 지었습니다. (　　　　　　)

역사 용어 정리하기

《□□□□》는 정약전이 지은 해양 과학책입니다.

김정호

대동여지도와 대동지지를 만든 사람입니다

조선 후기에는 지리학의 발전으로 지도가 많이 만들어졌어요. 김정호는 여러 지리학 책과 지도의 장점을 모아 가장 정확한 지도인 《대동여지도》를 만들었어요. 그 뒤 지리책인 《대동지지》 32권도 만들었지요. 《대동여지도》와 《대동지지》는 조선의 지도와 지리책을 완성한 것이에요. 김정호에 대한 상세한 기록은 없지만 과학자 최한기의 친구였다고 해요.

알쏭달쏭 바로알기

틀린 곳을 맞게 고쳐 쓰세요.

- 조선 전기에는 지도가 많이 만들어졌습니다. (　　　　　)
- 김정호는 여러 지도를 모아 《대동여지도》를 만들었습니다. (　　　　　)
- 김정호는 지리책인 《대동지리》도 만들었습니다. (　　　　　)

역사 용어 정리하기

《대동여지도》와 《대동지지》를 만든 사람은 □□□입니다.

대동여지도

조선 후기에 김정호가 만든 우리나라 전국 지도입니다

오늘날의 지도와 비교해도 큰 차이가 없을 만큼 정확해요. 산맥, 하천, 역참, 도로 등을 기호로 써서 다양한 정보를 한눈에 알아볼 수 있어요. 조선 8도를 남북 22단으로 나누었고, 한 단이 하나의 책자로 되어 있어요. 22개가 되는 책자를 모두 이어 붙이면 우리나라 전체 지도가 되지요. 가로 3.8미터, 세로 6.7미터에 이르는 대형 지도랍니다.

한 단이 하나의 책자

알쏭달쏭 바로알기

두 단어 중 맞는 것에 ○표 하세요.

- 《대동여지도》는 (전국, 부분) 지도입니다.
- 《대동여지도》는 (2개, 22개) 책자로 되어 있습니다.
- 산맥, 하천, 역참, 도로 등을 (글자, 기호)로 썼습니다.

역사 용어 정리하기

《□□□□□》는 조선 후기에 김정호가 만든 우리나라 전국 지도입니다.

안동 김씨 세도 정치

몇몇 힘센 가문이 나랏일을 제멋대로 하는 정치입니다

1800년에 정조가 갑작스레 세상을 떠났어요.
이어 순조, 헌종, 철종 3대에 걸쳐 어린 왕이 즉위했지요.
이때부터 어린 왕을 등에 업고 왕비 집안이 권력을 틀어쥐었어요.
이들 집안은 중요한 벼슬자리를 모두 차지했고, 왕들은 힘을 쓰지 못했어요.
대표적인 세도 가문은 안동 김씨와 풍양 조씨예요.
특히 안동 김씨는 순조, 헌종, 철종 3대에 걸쳐 잇달아 왕비를 내었지요.

알쏭달쏭 바로알기

틀린 곳을 맞게 고쳐 쓰세요.

- 순조, 헌종, ~~철조~~ 3대에 걸쳐 어린 왕이 즉위했습니다. (　　　　　　)
- 어린 왕을 앞세워 ~~장군~~ 집안이 권력을 잡았습니다. (　　　　　　)
- 대표적인 세도 가문은 안동 ~~박씨~~와 풍양 조씨입니다. (　　　　　　)

역사 용어 정리하기

□□ □□란 몇몇 힘센 가문이 나랏일을 제멋대로 하는 정치입니다.

홍경래의 난

홍경래가 주도하여 평안도에서 일어난 농민 봉기입니다

평안도는 조선 시대 내내 차별을 받았어요.
조선 후기에는 평안 감사 조득영이 부정부패를 심하게 저질렀지요.
이에 몰락한 양반 홍경래가 주도하여 1811년 12월에 봉기를 일으켰어요.
열흘 만에 평안도 10여 고을이 가담할 정도로 기세가 높았어요.
그러나 관군이 힘으로 몰아붙이자 홍경래군은 정주성으로 물러났고,
4개월여 동안 저항하다 결국 진압당해 약 2,000명이 처형당했어요.
세도 정치 시기에 최초로 발생한 농민 봉기랍니다.

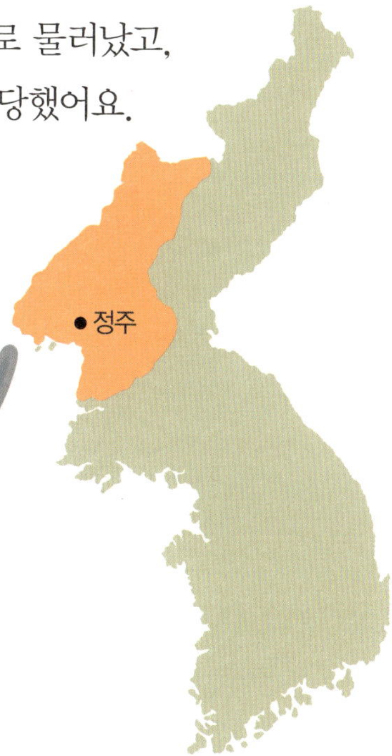

알쏭달쏭 바로알기

틀린 곳을 맞게 고쳐 쓰세요.

- 홍경래 난은 ~~함경도~~에서 일어났습니다. (　　　　)
- 1811년 ~~노비~~ 출신 홍경래가 봉기를 일으켰습니다. (　　　　)
- 홍경래군은 ~~평양성~~에서 4개월여 동안 저항했습니다. (　　　　)

역사 용어 정리하기

☐☐☐의 난은 홍경래가 주도하여 평안도에서 일어난 농민 봉기입니다.

삼정 삼정 문란

전정, 군정, 환곡이 엉망이 된 것을 일컫는 말입니다

조선 후기에 백성이 부담하여 나라의 수입이 된 것은 삼정이었어요.
삼정이란 전정, 군정, 환곡을 말해요.
그런데 이 삼정이 엉망이었어요.
전정은 농사짓는 토지에 붙이는 세금인데,
땅 주인들이 소작인들에게 떠넘겼어요.
군정은 군대에 가는 대신 군포를 내는
제도인데, 갓난아이나 노인에게도 물렸어요.
환곡은 곡식을 빌려 주는 제도인데,
썩은 쌀 등을 빌려 주고 받을 때는
햅쌀로 가득 채워 받았어요.

알쏭달쏭 바로알기

내용이 맞으면 ○표, 틀리면 X표를 하세요.

- 전정은 농사짓는 땅에 붙이는 세금입니다. ( )
- 군정은 군대에 가는 대신 군포를 내는 제도입니다. ( )
- 환곡은 의복을 빌려 주는 제도입니다. ( )

역사 용어 정리하기

전정, 군정, 환곡이 엉망이 된 것을 일컬어 □□ □□이라고 합니다.

탐관오리

탐욕스럽고 부정부패한 관리를 얕잡아 일컫는 말입니다

벼슬(관官)을 탐내는(탐貪) 추잡한(오汚) 벼슬아치(리吏)라는 뜻이에요.
백성이나 나라 생각은 뒷전이고 자신의 재산이나 권력만 챙기는 관리를 일컫지요.
어느 시기에나 탐관오리는 있었지만 세도 정치 시기에는 더욱 많았어요.
특히 세도 집안에 돈을 주고 벼슬자리를 사는 일이 많아지면서
벼슬자리를 얻은 탐관오리의 횡포와 부정부패는 부쩍 늘었지요.

알쏭달쏭 바로알기

틀린 곳을 맞게 고쳐 쓰세요.

- 탐관이라는 말은 명예를(을) 탐낸다는 뜻입니다. (   )
- 고리라는 말은 추잡한 벼슬아치라는 뜻입니다. (   )
- 탐관어사는 자기의 재산과 권력만 챙기는 관리입니다. (   )

역사 용어 정리하기

□□□□는 탐욕스럽고 부정부패한 관리를 얕잡아 일컫는 말입니다.

암행어사

왕의 명령으로 비밀스럽게 민심을 살핀 관리입니다

암행(暗行)은 어두울 때 다닌다는 뜻으로 자기의 정체를 숨기고 몰래 다닌다는 뜻이에요. 어사(御史)는 왕의 명령을 받고 지방에 내려가 특별한 임무를 수행하던 벼슬 이름이지요. 왕은 암행어사를 지방에 내려 보내 관리가 고을을 잘 다스리고 있는지 살피게 했어요. 암행어사는 반드시 마패를 지녀야 했어요. 마패는 역에서 말을 사용할 수 있는 증표이자 어사 신분을 나타내는 증명서였답니다.

알쏭달쏭 바로알기

틀린 곳을 맞게 고쳐 쓰세요.

- 어사는 ~~정승~~이 내린 특별 임무를 수행하던 벼슬입니다. (　　　　　)
- 암행어사는 ~~외국~~에 가서 민심을 살폈습니다. (　　　　　)
- 암행어사는 반드시 ~~마자~~를 가지고 다녔습니다 . (　　　　　)

역사 용어 정리하기

□□□□는 왕의 명령으로 비밀스럽게 민심을 살핀 관리입니다.

진주 농민 봉기

세금 제도를 고치라며 경상도 진주에서 일어난 봉기입니다

진주에 병마 절도사로 임명된 백낙신은
진주 목사인 홍병원과 손을 잡고 삼정을 이용해
갖가지 방법으로 백성을 괴롭혀
엄청난 재산을 모았어요.
1862년, 참다못한 진주 농민들이 들고 일어나
진주 관아를 점령했어요. 나라에서는 문제점을
고치겠다고 약속했고, 농민들은 해산했지요.
그 뒤 봉기의 주동자는 처형되었지만
나라는 약속을 지키지 않았어요.
진주 농민 봉기를 시작으로 그 해 전국에서
70여 차례나 농민 봉기가 일어났어요(임술 농민 봉기).

알쏭달쏭 바로알기

두 단어 중 맞는 것에 ○표 하세요.

- 진주 농민 봉기는 (전라도, 경상도) 진주에서 일어난 봉기입니다.
- 진주의 병마 절도사인 백낙신은 삼정을 이용해 (덕망, 재산)을 모았습니다.
- 1862년 한 해 (전국, 진주)에서 70여 차례 농민 봉기가 일어났습니다.

역사 용어 정리하기

☐☐ ☐☐ ☐☐는 세금 제도를 고치라며 진주에서 일어난 봉기입니다.

정 답

1 영조와 정조 시기

7p 임진왜란, 창덕궁, 유네스코 | 창덕궁
8p 임진왜란, 유성룡, 징비 | 징비록
9p 벗, 사림, 동인 | 붕당
10p 영조, 사도, 정치 | 영조
11p 탕평, 후기, 영조 | 탕평
12p X, X, X | 탕평비
13p 역, 군역, 한(1) | 균역법
14p 북, 백성, 신문고 | 신문고
15p 장용영, 규장각, 화성 | 정조
16p 도서관, 정조, 창덕궁 | 규장각
17p 정조, 수원, 화성 | 수원 화성
18p X, O, O | 거중기
19p 녹로, 도르래, 크레인 | 녹로
20p 상언, 왕, 등소 | 상언
21p 격쟁, 밖, 글 | 격쟁
22p 주교, 배, 한강 | 배다리
23p 그림, 의궤, 수천 | 의궤

2 사회와 경제

25p 모, 볍씨, 물 | 모내기법
26p 구황, 감자, 고구마 | 고구마
27p 외래, 상품, 담배 | 담배
28p 시장, 5일장, 장 | 장시
29p 보상, 부상, 장돌뱅이 | 보부상
30p O, X, X | 경강 상인
31p 송상, 개성(송도), 인삼 | 송상

32p 만상, 청나라(청), 후기 | 만상
33p 내상, 왜관, 일본 | 내상
34p 화폐, 동전, 1푼(1문) | 상평통보
35p 이름, 공명첩, 양반 | 공명첩
36p X, X, O | 양반전
37p 서자, 얼자, 정조 | 서얼
38p 삼종지도, 아들, 유교 | 삼종지도
39p 열녀, 나라, 앞 | 열녀문
40p 호, 한시(문학), 허난설헌 | 허난설헌
41p 김만덕, 제주, 흉년 | 김만덕
42p O, X, X | 하멜 표류기
43p 사신, 청나라(청), 조선 | 연행사
44p 망원경, 킬로미터, 후기 | 천리경
45p 자명종, 후기, 자동 | 자명종
46p 만국, 지도, 마테오 리치 | 곤여만국전도
47p 세계, 조선, 전기 | 혼일강리역대국도지도
48p O, X, O | 서학
49p 천주(하느님), 천주교, 천주교 | 천주실의
50p 서학, 베이징(청나라, 연경), 이승훈 | 이승훈
51p 박해, 천주교식, 금지 | 신해박해
52p 서학, 평등, 서양 | 동학
53p 경주, 동학, 최시형 | 최제우
54p O, X, O | 인내천
55p 동경대전, 한글, 용담유사 | 용담유사

3 서민 문화

57p 판, 소리꾼, 북 | 판소리
58p 판소리, 춘향, 사랑(연애) | 춘향가

59p 중국, 양쯔, 조조 | 적벽가
60p 수궁, 자라, 별주부 | 수궁가
61p 후기, 서민, 탈춤 | 탈놀이
62p O, X, O | 산대놀이
63p 후기, 서민, 사설시조 | 사설시조
64p 한글, 조선, 심청전 | 한글 소설
65p 책, 한글, 아녀자 | 세책점
66p 이야기꾼, 소설, 돈 | 전기수
67p 도적, 한글, 허균 | 홍길동전
68p X, X, O | 백자
69p 백자, 푸른색(파란색), 후기 | 청화 백자
70p 오지그릇, 항아리, 서민 | 옹기
71p 떡, 떡본, 용도 | 떡살
72p 보자기, 조각보, 예술적 | 조각보
73p 그림, 민화, 조선 | 민화
74p X, X, O | 작호도
75p 꽃, 새, 화조도 | 화조도
76p 유교, 우애, 한자(문자) | 문자도
77p 오래, 만복, 돌잔치 | 백수백복도
78p 그림, 화원, 궁궐 | 도화서
79p 풍속, 후기, 서민 | 풍속화
80p X, X, O | 김홍도
81p 혜원, 양반, 풍속화가 | 신윤복

4 실학과 사회 개혁

83p 후기, 성리학, 백성 | 실학
84p 농업, 중농학파, 양반 | 중농학파
85p 반계, 반계수록, 균전론 | 유형원
86p 성호, 성호사설, 한전론 | 이익
87p 중상학파, 북학파, 청나라 | 중상학파
88p X, O, X | 박지원
89p 열하, 청나라(청), 북학 | 열하일기
90p 선비, 장사, 한문 | 허생전
91p 규장각, 북학의, 소비 | 박제가
92p 북학파, 의산문답, 하루 | 홍대용
93p 다산, 화성(수원 화성), 여유당전서 | 정약용
94p O, X, O | 경세유표
95p 백성, 목민관, 정약용 | 목민심서
96p 차밭, 초가집, 귀양살이 | 다산 초당
97p 중국, 조선, 국학 | 국학
98p 발해, 우리(우리나라), 남북국 | 발해고
99p 산, 백두 대간, 지리산 | 산경표
100p O, X, X | 언문지
101p 흑산도, 물고기, 정약전 | 자산어보
102p 후기, 대동여지도, 대동지지 | 김정호
103p 전국, 22개, 기호 | 대동여지도
104p 철종, 왕비(외척), 김씨 | 세도 정치
105p 평안도, 양반, 정주성 | 홍경래
106p O, O, X | 삼정문란
107p 벼슬, 오리, 탐관오리 | 탐관오리
108p 왕, 지방, 마패 | 암행어사
109p 경상도, 재산, 전국 | 진주 농민 봉기

찾아보기

찾아보기

____________________의 한국사 공부 체크 리스트

교과서가 쉬워지는 **용어 한국사 600**으로 공부한 주제에 ✓를 합니다.

☑ 창덕궁	☐ 장시	☐ 서학	☐ 청화 백자	☐ 허생전
☐ 징비록	☐ 보부상	☐ 천주실의	☐ 옹기	☐ 박제가
☐ 붕당	☐ 경강 상인	☐ 이승훈	☐ 떡살	☐ 홍대용
☐ 영조	☐ 송상	☐ 신해박해	☐ 조각보	☐ 정약용
☐ 탕평	☐ 만상	☐ 동학	☐ 민화	☐ 경세유표
☐ 탕평비	☐ 내상	☐ 최제우	☐ 작호도	☐ 목민심서
☐ 균역법	☐ 상평통보	☐ 인내천	☐ 화조도	☐ 다산 초당
☐ 신문고	☐ 공명첩	☐ 용담유사	☐ 문자도	☐ 국학
☐ 정조	☐ 양반전	☐ 판소리	☐ 백수백복도	☐ 발해고
☐ 규장각	☐ 서얼	☐ 춘향가	☐ 도화서	☐ 산경표
☐ 수원 화성	☐ 삼종지도	☐ 적벽가	☐ 풍속화	☐ 언문지
☐ 거중기	☐ 열녀문	☐ 수궁가	☐ 김홍도	☐ 자산어보
☐ 녹로	☐ 허난설헌	☐ 탈놀이	☐ 신윤복	☐ 김정호
☐ 상언	☐ 김만덕	☐ 산대놀이	☐ 실학	☐ 대동여지도
☐ 격쟁	☐ 하멜 표류기	☐ 사설시조	☐ 중농학파	☐ 세도 정치
☐ 배다리	☐ 연행사	☐ 한글 소설	☐ 유형원	☐ 홍경래의 난
☐ 의궤	☐ 천리경	☐ 세책점	☐ 이익	☐ 삼정 문란
☐ 모내기법	☐ 자명종	☐ 전기수	☐ 중상학파	☐ 탐관오리
☐ 고구마	☐ 곤여만국전도	☐ 홍길동전	☐ 박지원	☐ 암행어사
☐ 담배	☐ 혼일강리역대국도지도	☐ 백자	☐ 열하일기	☐ 진주 농민 봉기